AF284671

Paris

Hamburg

Herstellung und Verlag:
BoD-Books on Demand, Norderstedt
ISBN: 978-3-7528-2811-5

Paris, Rue Richelieu

Der Doktor wäre vermutlich nie in diese Straße in Paris gekommen, hätte man ihm nicht eines Tages den Schlüssel eines Büros in die Hand gedrückt, der just in eine Tür in dieser Straße passte. Das Büro befand sich im ersten Stock des Vorderhauses und man erreichte es über ein geräumiges Treppenhaus. Kurzum durchaus repräsentativ. Kam man aus Richtung der Grands Boulevards oder besser von der entsprechend nächsten Metrostation, so irritierte zur Rechten die seltsam nutzlose Galérie des Panoramas – prächtig von einst und gegenwärtig doch eher funktionslos. Sie ist nun einmal da und so dient sie allenfalls dem Auge. Würde man der Straße über das Büro hinaus Richtung Innenstadt folgen, ließe man etwas zurückgelehnt zur Linken die prächtige Börse liegen, um dann etwas weiter, ebenfalls zur Linken den wunderschönen Jardin du Palais Royal zu erreichen. Bei schönem Wetter der ideale Ort für die Mittagspause.

Auf dem Weg dorthin bot sich gleich zweimal die Chance, bei einem der kleinen, bis lange in den Abend hinein geöffneten Lädchen eifriger Nordafrikaner entweder ein paar frische Aprikosen oder eine Flasche Saint Emilion für den Abend zu erstehen – oder halt beides. Der Doktor wurde bei ihnen bald ein treuer Kunde, denn er liebte absolut keine umständlichen Einkäufe. Im Garten des Palais Royal standen eine ganze Menge beweglicher Gartenstühle herum, die einem – sofern man einen von ihnen rechtzeitig ergatterte – die Mittagspause in der Nähe des Brunnens sehr angenehm machten. Sofern die Zeit reichte, konnte man natürlich auch in einem kleinen Restaurant auf dem Weg in den kleinen Park ein einfaches Mittagsmenue zu sich nehmen. Das bot sich vor allem an, wenn man mit Kollegen etwas zu besprechen hatte.

Freilich trifft diese Schilderung nur für die Tage und Zeiten normaler
Arbeit zu. Am Wochenende und in den Sommerferien ist das kleine Restaurant geschlossen, selbst einige der eifrigen Ladenbetreiber machen Ferien und der Park wiederum ist von Touristen überbevölkert, die dann zu überteuerten Preisen sich am Rande des Parks im Café mit überteuertem Kaffee oder Wein sich niederlassen. Das ist die Zeit, in der man diese Gegend eher meidet.

Der Doktor nahm die Rue Richelieu vor allem deshalb in ihrer vollen Länge wahr, weil er sehr gerne den morgendlichen Weg zum Büro nicht mit der Metro zurücklegte, sondern zu Fuß, wo er über die Straße durch den Louvre nahm und dann eben fast die gesamte Rue Richelieu von der Comédie Française bis zu seinem Büro nutzte. Als Frühaufsteher hatte der Doktor ja ohnehin viel Zeit für derartige Wege, weil er genau wusste, dass er nicht vor neun Uhr im Büro sein sollte, weil er dann immer noch der erste sein würde.

Die Büros der Straße hatten in den letzten Jahren ihren Stil ohnehin immer mehr verändert. Statt großer Versicherungsunternehmen und banknaher Dienstleister hatten sich inzwischen immer mehr Internetunternehmen und Vertreter der New Economy in der Straße niedergelassen. Die hatten die Sitten in diesem Viertel Stück für Stück umgekrempelt. Statt verkürzter Menueangebote zum Lunch nahmen die lieber einen leichten asiatischen oder veganen Snack in der Galérie Vivienne. Eben ein Bruch mit den Traditionen, der zum Kern dieser neuen Branche ohnehin passt und der auch die Umgebung zum Umdenken zwingt. Auch der Doktor konnte diesem Wandel durchaus etwas abgewinnen, passte das neue Angebot ohnehin besser zu seinem eigenen Ernährungsstil, den er nur zu oft der Tradition hatte opfern müssen. Geschmack spielte bei ihm eine besondere Rolle und vor allem die Kombination von Geschmack und hochwertiger Ernährung und dafür lag er ja in Paris prinzipiell richtig.

Rue de la Montagne Sainte Geneviève

Die Rue de la Montagne Sainte Geneviève führt aus den Niederungen der Rue des écoles hinauf zum Panthéon. Das unter Ludwig dem Fünfzehnten errichtete Gebäude wurde nach der französischen Revolution zu einer nationalen Gedenkstätte, was es bis heute als Grabstätte berühmter Franzosen von Marie Curie bis Emile Zola wahrlich geblieben ist. Die Kuppel des Panthéon thront hoch über den Instituten und Fakultäten der Sorbonne, die heute das 5. und 6. Arrondissement wie ein Netzwerk durchziehen und eine Art Kontakt zwischen den hier Bestatteten und ihren Wirkungsstätten herstellen.

Der Doktor machte diesen Aufstieg – und eben auch nicht ganz bis zum Gipfel aus einem weit prosaischeren Grunde. Er hatte dort die einfach-ehrliche Küche der Ecurie, eines Bistros dieses Viertels und seiner Studenten, schätzen gelernt, in dem einst die Wirtin Marie das Regiment führte und für Gäste wie Personal eine Art Institution darstellte. Besonders an Sommertagen waren die wenigen Außentische beliebt. Zur Begrüßung gab es eine Sangria aufs Haus. Das Innere war, vor allem im Untergeschoß, eng und nieder. Was man in Schlechtwetterzeiten notgedrungen gerne in Kauf nahm.

Besonders gerne erinnert sich der Doktor an jenen Sommerabend, an dem die studentischen Bewohner der um die Ecke bei den Außenplätzen abbiegenden Rue Laplace kurzerhand die gesamte Straße gesperrt hatten und den Fahrweg für eine lange abendliche Tafel genutzt haben. Stilvoll gedeckt mit Champagner und Blumen. Ein großes gemeinschaftliches Event, das allen Außenstehenden nur zu natürlich und passend vorkam. Das waren genau die Gefühle und Situationen, die unserem Doktor sofort schmeckten und auf die er ansprach. Er war eigentlich mit Kollegin Renée zum abendlichen Snack gegangen. Doch nachdem die nur gelangweilt auf das studentische Happening schaute, verabschiedete man sich relativ früh, dass sich der Doktor - nach einem kleinen Umweg von der anderen Seite - nun mit einer unterwegs erstandenen Flasche Champagner zu der Gruppe gesellen konnte. Welch ein Zufall: ein guter Tropfen, der laue Abend und eine nette Gesellschaft. „Glückwunsch, ihr lebt in meiner Lieblingsgegend." Und schon entspann sich eine intensive Diskussion über die Arbeit in den benachbarten Instituten, die vielen lästigen amerikanischen Touristen in der Gegend, über die Veränderungen der Stadt und die Frage, was eigentlich das wichtigste im Leben ist. „Wenn Du später kein Geld hast, nützt Dir das alles nichts." „Aber wenn Du nur Geld hast, ist es auch nichts". Es wurde ein lustiger Abend und gegen später musste sich der Doktor regelrecht losreißen, um noch vor Mitternacht ein kleines Quartier am Rande von Saint Germain zu erreichen. „Bist du jetzt schon alt?", brummelte er vor sich hin, „aber solange du noch so mitmachst, fällst du nicht aus dem Raster. Alles gut." „Ach je, morgen kommen ja die Kunden, die mit mir abends zum Empfang bei der Handelskammer wollen. Hätte ich jetzt beinahe vergessen." Wieder dieser typische Konflikt zwischen Job und Vergnügen.

Man würde sich in der 33 Rue du Faubourg Saint-Honoré treffen, nahe der Madeleine in einem dieser repräsentativen Gelasse, in denen man diese typischen Pariser Abende mit einem oder meist mehreren Gläsern Champagner in der Hand zu überstehen hatte. Ansonsten viel trockenes Zeug, wie diese Schwärme von Rechtsanwälten und rechtskundigen Beratern, die einem mit der Kompliziertheit französischen Rechts noch ein Extra-Honorar aus der Tasche zu ziehen versuchten.

„Viel déjà-vue".

Palmaille

Jörn Jensen sitzt morgens um Viertel nach neun gewöhnlich in seinem Kontor. Versonnen blickt er aus dem Fenster über die Elbe. Er liebt diese Momente. Ein ruhiger Kaffee, schwarz und noch einige Momente zum Nachdenken. Draußen jenseits der Elbe fahren die Laster über die Köhlbrandbrücke. Man hörte sie nicht, aber sie sind in Bewegung und doch ist auch ihre Route sehr berechenbar. So wie bei Jörn Jensen. Er handelt mit vielen Ländern der Welt, doch im Grunde ist das meiste sehr berechenbar. Ein wenig kompliziert wegen der Währungsunterschiede, aber daran ist er gewöhnt. Ein wunderschöner Platz, sein stillvoller Schreibtisch. „In dreißig oder vierzig Jahren wird man immer weniger von der Elbe sehen. Diese Büsche und Bäumchen, sie wachsen immer höher" Wie in seinem Geschäft darf man auch in der Natur besser nur mit langen Zeiträumen rechnen. Schon längst sieht man zwischen seinem Kontor und der da unten fließenden Elbe nicht mehr alles. Direkt unterhalb seines Blickwinkels führt der bei Kontorangestellten wie Touristen beliebte Weg über den Altonaer Balkon mit nur noch teilweise freiem Ausblick über die Elbe vor den Büschen und immer höher wachsenden Bäumen entlang. Und was ganz unten in Fortsetzung des immer weiter ausufernden Gebiets um den Fischmarkt passiert, entzieht sich sowieso dem Blick. Auf der elbabgewandten Seite liegt Altona. Dort, wo die Palmaille in die Elbchaussee übergeht, liegt gleich rechter Hand das Altonaer Rathaus, in dem noch heute die Bewohner des Bezirks ihre Meldeangelegenheiten und andere Verwaltungsakte erledigen dürfen. Besonders das Standesamt im Obergeschoss mit Blick über die Elbe erfreut sich einiger Beliebtheit. Das durchaus repräsentative Gebäude wurde noch gerade zwei Jahre vor der Jahrhundertwende zum 20. Jahrhundert von dem deutschen Kaiserpaar eingeweiht. Die Liebe zu diesem kaiserlichen Segen mag vielleicht daher rühren, dass ja lange zuvor Altona und die nördlichen Gebiete Hamburgs zu Dänemark gehörten. Oder vielleicht erklärt dies auch dies auch das besondere Augenmerk des Kaisers auf Hamburg. Im

Horizont von Jörn Jensen ist die Welt schön geordnet und dennoch sehr international, so wie auf der Landkarte an der Wand seines Kontors.

Es klopft. Wieder eine dieser Mengenunstimmigkeiten im Lager. Nur gut, dass all die stark riechenden Gewürze nicht auch noch in seinem Kontor oder nur danebenliegen. Die lagern in dem Speicher am Pickhuben im Freihafen, einen guten Kilometer von hier. Aber das ist eine andere Welt. Pickhuben, das ist der Ort, wo die Aromen sich treffen: Gewürze, gleich in der Nachbarschaft aromatischer Tee aus der benachbarten Degustationsstube von Hälssen & Lyon und weiter hinten dann wieder unendliche Teppiche aus dem Iran. Eben die Speicherstadt. Da ragen die Speicher, die erst in den letzten Jahrzehnten des 19. Jahrhunderts errichtet wurden, wie Symbole hanseatischen Lebensgefühls in die Höhe, eröffnet seinerzeit mit kaiserlichem Segen des Deutschen Reiches, obwohl ja gerade der Freihafen ein Symbol dafür ist, dass die Hansestadt sich eben nicht total vom Deutschen Reich einverleiben lassen wollte. Wie dem auch sei, heute gelten sie trotz aller der an ihnen versteckten kaiserlichen Symbole als ur-hanseatisch.

„War noch etwas?" „Nun ja, Jörn Jensen, die neue Praktikantin, diese Ina Hansen, wollen Sie sie noch ansehen?" „Kann man sie denn ansehen?" „Blond, freundlich, ein erträgliches Zeugnis…" "Na, dann, solange sie kein Schandfleck bei uns ist… ich bin froh, wenn ich mich nicht noch um alles kümmern muss…". Jörn Jensen vertiefte sich wieder in die Korrespondenz mit den Lieferanten und rechnete noch einmal im Geiste die Summe der für die nächste Saison vorkontraktierten Gewürze vor. Wenn er nur wüsste, ob die Ware dann überall so ausfällt wie die Vorab-Muster, die er geordert hatte… Vorsicht und Kontrolle waren in seinem Geschäft mehr als das halbe Leben.

Ein Spaziergang an der Elbe.

Mit Zeit und am besten bei gutem Wetter.
Der Weg braucht bei gemütlichem Gehen etwa zwei
Stunden und ist in der beschriebenen sowie der
umgekehrten Richtung möglich.

Für uns beginnt der Strandweg in Blankenese und führt
von dort immer an der Elbe entlang am Blankeneser
Segelclub, am Mühlenberger Segelclub und dem
Hirschpark vorbei, und dann folgt ein schöner
Fußweg bis Teufelsbrück.

Hinter dem Anleger Teufelsbrück, von wo auch die Fähren
nach Finkenwerder ablegen, kann man, dort wo der Weg
nicht mehr parallel zur Elbchaussee geht, sondern rechts
der Elbe folgend abbiegt, links jenseits der Straße sich
einen Blick auf den Jenischpark und bei Gefallen auch auf
das Jenischhaus gönnen.

Auf den weiteren Weg an der Elbe hat man nun jenseits
des Flusses einen Blick auf Finkenwerder. Man kommt
dann noch an Schröders Elbpark vorbei und dann
beginnt der Teil des Weges, an dem man auf der linken
Seite des Weges immer wieder diese hübschen
Kapitänshäuschen passiert mit ihren liebevoll angelegten
Vorgärten.

Vorsicht, in diesem Teil ist der Weg offiziell nur als
Fußweg ausgewiesen, was aber Radfahrer nicht daran
hindert, hier mehr oder weniger schnell durchzufahren.

Wenn sie zwischendurch noch einmal Strandfeeling
suchen biegen sie bei den Schildern rechts ab zur

Strandperle. Ein schöner Zwischenstopp.
Dieser Weg geht an den schönen Kapitänshäusern entlang
bis nach Övelgönne.

Dort ist der Blick auf den Museumshafen ein Muss. Die dort
liegenden Originalschiffe sind eine Pause wert.

Hinter Övelgönne nehmen sie die ausgeschilderte Treppe
die dann über den Rosengarten, Donners Park und den
Hirschpark zum Altonaer Balkon führt.
Von hier oben haben sie immer wieder einen
wunderschönen Blick über die Elbe und am Schluss noch
auf den Kreuzfahrtterminal.

Am Altonaer Balkon, wenn sie dann über die Elbchaussee
Richtung Altonaer Rathaus geführt werden, endet der Weg.
Sie hätten ihn genauso auch umgekehrt nehmen können.

Anfang und Ende der Tour sind jeweils bequem mit
öffentlichen Verkehrsmitteln erreichbar – mit der S 1
kommen sie sowohl nach Blankenese als auch zum Bahnhof
Altona.

Für eine kleine Rast unterwegs ist an vielen Stellen
gesorgt. Sie werden sehen, dass sowohl rund um
Övelgönne wie auch unterwegs bei Schröders Elbpark
und dann wieder in Blankenese sowie der Elbe weiter
folgend, viele Hamburger den Elbstrand als
Naherholungsangebot nutzen.

Metro Linie 10

Fayola saß in der Metro. Sie kam von daheim aus Boulogne. Der Doktor saß etwas abwesend in der Metro Richtung Sorbonne, rein routinemäßig checkte er sein IPad. Eine freundliche Stimme holte ihn aus seinen Gedanken „so eins habe ich auch. Ich schreibe. Schreiben Sie auch?" Ja nun, schreiben war auch Teil meiner Existenz und so bejahte er. Die Frau gegenüber war eine Farbige, gepflegtes Aussehen. Sie wohnte bestimmt schon einige Zeit in Paris. Sie hatte etwas Anziehendes, obwohl ihr Auftritt eher angepasst und keineswegs besonders fraulich wirkte. Aber es war ja auch nur ein Blick aus dem Augenwinkel. Genau genommen war der Doktor ja schon wieder auf dem Heimweg aus der Stadt. Sie erzählte ihm noch, sie habe ein Buch über sich geschrieben. Und er gab ihr seine Visitenkarte.

Eine Frau, Alter schwer zu schätzen, noch dazu farbig, was es für einen Europäer noch schwerer macht. Irgendwo in den Weiten des Niger geboren. Jung und wohl nicht ganz auf den eigenen Wunsch zwei Mädchen bekommen. An ihnen hielt sie sich immer wieder fest. Sie brauchten Fayola und ihr gaben sie Mut. Die Männer gerieten in Vergessenheit. Aber die Kinder blieben.

Liebend gerne hätte Fayola eigenen Boden unter den Füßen, kein Land, aber ein Stück Leben, das sie selbst gestaltet und in die Hand nimmt. Sie wäre gerne Rechtsanwältin, würde in ihrer alten Heimat für Gerechtigkeit sorgen. Aber davor lag ein quälendes Studium, das noch anstrengender und energieraubender war als das nachgeholte Abitur. Und jeden Tag an die Sorbonne? Ja. Aber auch noch lernen, sich tausend Dinge merken, während man sich daheim um den Haushalt mit Ehemann und Enkelkindern kümmerte? Irgendwie wollte das nicht wirklich zusammenpassen. Ja, die Kommilitonen, sie waren irgendwie interessant, dann aber auch nicht. Haben nichts erlebt in ihren frühen Semestern. Eine fremde Welt. Fayola versuchte immer wieder darin eine Rolle zu finden, verordnete sich einen peppigen Afro-Look – doch was sie dachte und fühlte, passte nicht so recht in den Betrieb der juristischen Fakultät.

Wie es weitergehen könnte? Sie würde den Kindern in ihrer Heimat helfen, würde gerne etwas tun, dass Ihnen ihr eigenes Schicksal erspart bliebe, sich verkauft und versklavt durchs Leben zu finden. Die Bestimmung über die eigene Existenz durch andere zu ertragen – das Macho-Gehabe und das Macho-Handeln der Männer, die zwar nicht annähernd so viel im Hirn haben wie sie, die aber durch etwas Geld und Dealen in eine Position kommen, die für die anderen verheerend ist. Ja das alles hatte sie in ihrem Buch beschrieben. Aber konnte Sie damit diese Geschichten wirklich loswerden? On n´est pas sure… Nein, sicher ist sie sich selbst dessen auch nicht.

Und dann ist da noch etwas: Eigentlich würde sie doch gerne zurück in diese alte Heimat auf dem schwarzen Kontinent, obwohl ihre alte Geschichte dort gar nicht gut lief. Aber vielleicht gerade deshalb. So als könnte man mit einem anderen Anlauf etwas reparieren. Dieser Wunsch lag jedenfalls auf ihr wie ein Vermächtnis. Dafür würde sie sogar auch das eigene Glück aufs Spiel setzen.

Auch Begegnungen wie die mit dem Doktor in der Metro würden sie jedenfalls nicht davon abhalten. Nicht final. Ein wenig spielen vielleicht. Der ist sich selbst auch nicht sicher, wie er reagieren möchte. Ja, er kaufte sich ihr Buch – nicht heruntergeladen, sondern in Papierform. Und er empfand eine Art Schrecken bei seinen Schilderungen, fragte sich, ob Fayola wirklich alles darin offenbart und wie es für sie im Inneren wirklich war. Keine einfache Einladung. Der Doktor war ja sonst durchaus zu entflammen. Aber würde das nicht vielleicht ein schwieriger Fall? Zusätzliche Probleme suchte schließlich niemand. Am Ende entschloß er sich, es mal mit einer möglichst beiläufig daherkommenden eMail zu versuchen. Der Doktor überlegte sich das auch sehr lange. Schließlich war ein neuer und zusätzlicher Mensch im eigenen Leben immer so eine Frage. Auch Fayola reagierte – zeitverzögert und mit der unausgesprochenen Frage: Was nun?

Rue des Capucines

Die moderne Lösung: man tauscht die Handynummern und schickt Botschaften hin und her. Das schafft Nähe, obwohl man ferne ist – örtlich wie auch, was das wirkliche gegenseitige Kennen angeht. „Warum denn auch jetzt. Wo ich inzwischen nicht mehr wirklich in Paris lebe, sondern nur noch auf der Durchreise und auf Stippvisiten bin", der Doktor versucht einen Termin zu arrangieren. Man verabredete sich nahe der Opera Garnier. Den Weg von seinem Büro an der Opera Comique nahm der Doktor zu Fuß, das tat er gerne, wenn er in der Stadt war. Ein paar Minuten ausatmen. Forschen Schrittes dirigierte er seinen Weg durch die frühe Abendsonne, immer das goldene Blinken der Opera voraus. Irgendwo da würde er das Restaurant schon finden. Ein Bistro in der Rue des Capucines. Eine lösbare Aufgabe. Wie üblich war er ein paar Minuten vor der Zeit da. Er beschloss hineinzugehen und einen der kleinen Tische nahe am Fenster zu nehmen. Fayola hatte geäußert, dass sie an diesem Tag ohnehin in der Nähe gewesen sei. Beiläufig lächelnd betrat sie das Bistro. Draußen war es bereits dämmrig. Vor der Tür hatten sich etliche der Angestellten aus den Büros der näheren Umgebung auf einen Aperitif und ein paar Worte getroffen. Wie nahezu jeden Abend.

„Salue" gespielte Beiläufigkeit bei den Begrüßungsküsschen. Zur Auflockerung stört der Garçon mit der Frage nach dem Getränk. Crémant – leicht und nicht zu offiziell.
„Schön, dass wir es geschafft haben. Du siehst bezaubernd aus." „Beinahe hätte ich es gar nicht geschafft. Der Professor hat mal wieder überzogen." „Jetzt bist du da."
„Den nächsten Monat habe ich nur noch Prüfungen. Arbeitsgruppen, Lernen und immer wieder meine Pflichten an die Fakultät. Ich werde dich gleich zur Begrüßung enttäuschen. Da bleibt nur wenig Zeit. Die Semesterprüfung ist wichtig."
Im Unterschied zu den jugendlichen schnellen Jägern, die

vor allem die schnelle Beute für die nächste Nacht suchen, ist der Doktor mit derlei Situationen vertraut. Es muss nicht immer alles gleich und sofort sein. Auch wenn er sehr wohl zu genießen weiß, er schätzt es durchaus, wenn Situationen sich auch für ihn erst einmal entwickeln können. Und ja, Fayola ist heute Abend viel mehr als die graue Maus, der er in der Metro begegnete. Eine Vollblutfrau, von den Körperformen wie von der Ausstrahlung. Da gibt man nicht einfach und sofort auf. „Wir werden es wieder schaffen, wenn Zeit ist. Alles gut. Aber trotzdem: Wie geht es dir..? Was machen deine Pläne. …? " Fayola erklärte, wie sie auf der einen Seite inzwischen schon für die eigenen Enkel sorgte. Die früh geborenen Kinder gehörten für sie geradezu zu einem früheren Leben. Und eigentlich würde sie nur zu gerne den Menschen in ihrem Heimatland etwas tun. Der Doktor konnte das nur zu gut verstehen. Es war nicht die Zeit der Emotionen. „Man müsste mehr wissen, was die Menschen, die du in der Heimat kennst. ausbauen und erzeugen können. Da würde sich bestimmt auch ein interessanter Absatz finden. Lass uns auch darüber einmal nachdenken und reden…" Eben heute war mehr der Menschenfreund gefragt. Und so verabschiedete man sich auch ohne weiteren Beziehungsfortschritt und dennoch mit der Möglichkeit zu späterer Zeit, die Fäden noch einmal aufzunehmen.

Place Vendôme

Für eine bestimmte Schicht ist der Platz Vendôme einfach der Hotspot in Paris. Wer noch im Zweifel ist, für wen dieser Platz heute richtig ist, der braucht sich nur einmal die dort ansässigen Geschäfte, ihre Showrooms sowie die Adressen der unmittelbar benachbarten Hotels anzuschauen. Kurz, hier ist der Luxus zu Hause. Ludwig der Vierzehnte, der bereits zu seiner Zeit Pracht und Luxus wie niemand anders verkörperte, hatte diesen Platz als Herz seines luxuriösen Paris erschaffen und – wie sollte es anders sein – diesen Platz mit einer nicht gerade bescheidenen Statue seiner selbst geziert.

Napoleon, der wie kaum ein anderer ebenfalls darauf achtete, der Hauptstadt sein Gesicht und seinen Stempel aufzudrücken, ersetzte diese mit Sinn für die große Geste und Symbolik durch eine aus eingeschmolzenen feindlichen Kanonen gegossene Siegessäule, und die steht nun da bis auf den heutigen Tag.

Der verkehrstechnisch heute nicht mehr im Zentrum der großen Achsen gelegene Platz ist daher genau richtig, um einem eher öffentlichkeitsscheuen Adel und Geldadel und all diejenigen, die sich in ihrem Schatten auch noch gerne sonnen möchten, das passende Ambiente zu bieten.

Hier war sie gelandet. Die Frau in Schwarz: Sie spiegelte sich in den leicht getönten Schaufensterscheiben von Gucci. Schwarze und große Sonnenbrille. Eine ebenso schwarze kräftige, leicht gelockte schwarze Frisur, ein mit einem Stoffgürtel taillierte schwarze Business-Kombination. Vermutlich höchstens 56 Kilo. Sie gefiel sich, obwohl ihr Blick im Schaufenster etwas blasiert wirkte. Vermutlich kaschierte sie die Neugier und den Schelm hinter ihrer Sonnenbrille. Sie war hier wirklich gelandet, erstens in einem der teuersten Hotels und zweitens mit der kleinen Maschine ihres derzeitigen Gefährten auf dem Geschäftsfliegerareal von Orly.

Und dumm war sie auch nicht. René hatte auf diesem Flug wieder einmal eine dieser zusätzlichen Sporttaschen dabei, die er als Pilotengepäck mehr als sonst mit sich trug und im Hotel gleich wieder sorgfältig verstaut hatte, und nun war er schon seit ein paar Stunden damit verschwunden und hatte sie hier allein gelassen. Besonders redselig war René sowieso nicht. Über sein Treiben äußerte er immer nur das nötigste. Als Privatflieger war er viel unterwegs und Aline, so hieß die Frau in Schwarz, war viel mit seiner Villa und ihrem Job alleine. Das war für sie im Moment kein Grund zur Klage. Sie machte es sich eben alleine gemütlich und schön, soweit es das eigene Geschäft überhaupt zuließ. Mit den Damen der Gruppe in der Pharmazie machte sie sich ohnehin immer viel Spaß.

Aber jetzt nervte René wieder besonders. Statt in ihre Wohnung auf Sylt zu fliegen, wollte er unbedingt nach Paris. Und da trieb er sich mit seiner Sporttasche wieder für Stunden alleine herum. Aline hätte es gefreut, wenn er ihr vielleicht einmal gezeigt hätte, dass Paris mehr zu bieten hat als den Eiffelturm von weitem oder die golden in der Sonne glänzende Opéra Garnier. Gewiss, nett anzuschauen. Da hätte er sie ja einmal abends hinführen können. Denn nach entsprechender Vorbereitung waren sie schon ein sehr nett anzuschauendes Paar. Und außerdem wusste sie ja auch nie, wann er zurück sein würde. Nicht einmal einen eigenen Hotelzimmerschlüssel hatte sie. Und schon wieder noch einen Kaffee nehmen, war auch kein Gedanke.

Als René nach Stunden mit einem breiten Lächeln um die Ecke bog, waren zumindest die schwarzen Gedanken verflogen. Die Aussicht auf eine nette Handtasche könnte die Laune zusätzlich heben, wenn schon der geliebte Laden von Wempe auf Sylt gerade nicht zur Stelle war. Obwohl, die müssten ja auch in Paris wohl vertreten sein. Und in der Tat, das waren ja wirklich nur ein paar Minuten von der Place Vendôme entfernt.

Baron-Voght-Straße
Heute kaum vorstellbar, dass der Baron Caspar Voght zu Beginn des 19. Jahrhunderts in Flottbek wirklich Landgüter und wissenschaftlichen Landbau betrieb. Heute wäre dafür in diesem Stadtteil kein Platz mehr. Aber ein Stück ländlicher Idylle wurde im Landhaus Flottbek in wunderbarer Weise wiederbelebt. Jörn Jensen kannte das kleine Hotel mit Restaurant seit vielen Jahren und daher liebte er es, dort auch bei Gelegenheit, geschäftliche Gäste unterzubringen. Diesmal hatte er sich mit Monsieur Verdier verabredet, mit dem er über die Beschaffung von Quinoa sprechen wollte. Monsieur Verdier war ein Genießer und anders als die typischen Franzosen einem ausgedehnteren Frühstück nicht abgeneigt. Da war Jörn Jensen dankbar, dass man nicht –

wie bei vielen der südamerikanischen Besucher in Hamburg – bei Louis C. Jacob mit Blick auf die Elbe frühstücken musste. Den Blick hatte er ja sowieso jeden Tag in seinem Büro. Im Landhaus Flottbek schaut man zum Frühstück mehr in die liebevoll dekorierte ehemalige Tenne des kleinen Gehöfts, nahm etwas Räucherlachs, frische Ananas oder was einen sonst so auf dem Büffet anlachte und genoss den exzellenten Kaffee.

Dazu hatte Monsieur Verdier immer interessantes aus der Branche zu berichten. „Die Südamerikaner müssen sich bald warm anziehen. Bislang haben die ja gemeint, sie könnten uns so fast jede Qualität von Quinoa andrehen, nur weil die steigende Nachfrage in Europa uns keine Wahl lässt. Aber da haben sie sich bald getäuscht. Ich kenne inzwischen einen sehr großen Spanier, dem der Anbau in Andalusien gelungen ist." Er nickte bedeutungsvoll und Jörn Jensen hing ihm an den Lippen, wenn er derartige Branchennews ausbreitete, weil er wusste, dass Verdier ein wirklicher Kenner war und anders als andere nur absolut nachgeprüfte Dinge zum Besten gab. „Die Südamerikaner ernten bis jetzt Quinoa in Etappen, weil die Samenstände bei denen zu unterschiedlichen Zeiten reifen. Das kostet deutlich mehr ihrer günstigen, aber auch nicht gerade zuverlässigen Arbeitskraft. Den Spaniern soll es gelungen sein, ein Saatgut zu kreuzen, dass die Samen nahezu gleichzeitig reifen lässt und damit eine wesentlich einfachere Ernte erlaubt." Jörn Jensen wusste genau, dass man derartige Entwicklungen sorgfältig verfolgen musste. Und als alter Fuchs war ihm auch klar, dass er – bevor er über die neue Herkunft weder wusste, ob er sie auch wirklich bekommen würde, noch zu welchem Preis – mit dieser Information in der Praxis noch wenig anfangen könnte. Aber man sollte den Fall weiter beobachten. Dafür war solch ein Austausch immer hervorragend. Vor allem, weil man bei den üblichen Branchentreffs und Messen weder Zeit noch die Ruhe fang, derartige Überlegungen auszutauschen.

Dafür organisierte Jörn Jensen für seinen Besucher auch gerne für den folgenden Abend ein paar Konzertkarten für die Laeizhalle, die ihm selbst ein ebenso liebgewordener Ort war. Die ehemalige Musikhalle am Brahmsplatz mit ihren gut 2000 Sitzplätzen im großen Saal hatte für ihn etwas Heimeliges, was sicher auch durch ihren neobarocken Stil verstärkt wurde. Einfach ein netter Ort, um klassische, aber auch klassisch moderne Konzerte zu genießen. Und das alles zwar stilvoll, aber nicht aufgesetzt hochtrabend. Und so verabschiedete man sich dann nach einem fast zum Mittag ausgedehnten Geschäftsfrühstück guter Dinge bis zum Abend. Der Gast nutzte die Zeit zu einem Besuch in der City und Jörn Jensen strebte dem Büro in der Palmaille zu, wo ein Schreibtisch mit Arbeit auf ihn wartete.

Rue de Rivoli

Die Freude René zu sehen war Aline nur für gerade einmal vierzig Minuten vergönnt. Da schaute er plötzlich auf die Uhr und verkündete „ich muss jetzt weg. Es kann dauern." „Dann will ich aber wenigstens etwas für meine Unterhaltung tun und hier shoppen füllt keinen Nachmittag." „Ich setz dich mit dem Taxi vor dem Louvre ab. Da kannst du dir ja mal die Mona Lisa anschauen und gucken, wer von euch beiden Dir besser gefällt..." spöttelte René. Gesagt, getan und ließ Aline dann auch kurze Zeit später an der Rue de Rivoli aussteigen. „Wie finde ich hier den Eingang, wo muss ich hin", murmelte die vor sich hin „und außerdem ist mein Französisch erbärmlich..." Aber das interessierte nicht wirklich. Schließlich ahnte sie, dass sie jetzt erst einmal Geduld brauchte. Man sah gut die Schlange zum Eingang, die sich von der gläsernen Pyramide zurück weit über den großen Hof hinzog. Wenigstens war das Wetter trocken und nur bedingt sonnig. Da vertrieb sich Aline die Wartezeit damit, die Menschen in der Schlange zu taxieren. Leider hatte sie niemand, mit dem sie jetzt hätte gemeinsam lästern können. Hätte sich gelohnt bei all den amerikanischen und asiatischen Touristen, die sie umgaben. Aber das hatte auch etwas Tröstliches, denn die kannten sich hier genauso wenig aus wie Aline. Und das lenkte sie zugleich von dem bohrenden Gedanken über René ab. Sie hätte doch zu gerne gewusst, was der jetzt trieb. Nach der mitgereisten Sporttasche sah es nicht nach einer Frau aus. Wenigstens das. Aber er würde ihr auch nicht sagen, was los war. Seine Laune sah positiv aus. Aber irgendetwas war.

Für denjenigen, der seine Länge noch nie abgeschritten ist, beeindrucken die Dimensionen dieses in mehreren Etappen und immer zusätzlichen Gebäudeflügeln erstellten Königspalastes mitten in der Stadt. Dafür hatte Aline heute keinen Blick, auch nicht für die Aussicht, dass sich hinter diesem Palast ein ebenfalls stattlicher königlicher Park erstreckt, die Tuilerien. Als sie endlich den Eingang und danach auch den Ticketschalter erreicht hatte, sah Aline zu ihrer Beruhigung, dass dieses Museum die Orientierung wirklich leichtmacht. Eindeutige Fotos wiesen den Weg: Hier die Mona Lisa, dort die alten Ägypter und dort dann wohl die Römer. Sie musste grinsen: „Ich im Museum, wenn ich das den Kolleginnen erzähle, die glauben das nicht…"Je näher sie über die ausgeschilderten Treppen und Gänge der Mona Lisa kam, umso dichter wurde das Gedränge
Und sie reihte sich schließlich in die Schlange ein, die – wie sie es aus der frühesten Jugend in der katholischen Schule von der Kommunion her kannte – zur Betrachtung dieser Mischung aus Perfektion, Jesusbild und besonders ebenmäßiger Frau. Eine Art Heilige und dann doch eher das Gegenteil von Aline, der der Schalk aus den Augen blitzte und deren Haarpracht sich zu einer derart brav gebändigten Frisur niemals eignen würde. Als sie die Begegnung Aug in Auge geschafft hatte, zog es sie mehr zu passenderen Kunstwerken wie den bekannten drei Grazien. Deren Figur waren nach Alines Meinung doch schon reichlich mollig, auch wenn sie sehr wohl wusste, dass einige Männer das bestimmt schick fänden. Ja, so eine Begegnung mit der Geschichte der Zivilisationen war spannender als sie gedacht hatte, zumal man vieles eben auf sich selbst bezog.

„Vielleicht schaue ich ja doch in die altägyptische Abteilung und betrachte deren Vorbereitung der Verstorbenen für das Jenseits." Da musste man sich erst einmal zwischen den verschiedenen Hüllen der Särge, die wie Mumien gestaltet waren, und der Kanopen für die separat bestatteten Organe zurechtfinden. Aber dafür gehörte es ja zu diesem Ritus, dass alles sehr bildhaft gestaltet und dargestellt wurde. „Sah alles sehr geordnet aus, bis zum Schluss", stellte sie beeindruckt fest, auch wenn ihr vielleicht die etwas auffällige Schminke der Schönen dieser Zeit vielleicht etwas zu viel gewesen wäre." Gerade als Aline eines dieser geräumigen Treppenhäuser des Palastes erreicht hatte, klingelte das Telefon. „Bist du etwa noch in diesem Museum. Ich hol dich ab. Wir gehen nachher noch etwas Essen…."
Was das wieder zu bedeuten hatte? Aline strebte den Schildern mit der Aufschrift „Sortie" nach. Aber es war auch hier ein Labyrinth und dauerte, bis sie wieder den großen Innenhof erreichte, über den sie das Museum betreten hatte. Die Neugier trieb sie voran. Sonst hätte sie gerne René ruhig etwas schmoren lassen. Aber, wer weiß, was jetzt kam.

Pickhuben

Es war mal wieder später geworden als geplant. Jörn Jensen hatte die Angewohnheit, wann immer es möglich war, abends noch einmal auf einen Sprung im Freihafen vorbeizuschauen und nachzusehen, ob im Lagerschuppen alles in Ordnung sei. Er liebte es, in der abendlichen Kühle noch einmal den Geruch der Gewürze, die seit Jahrzehnten hier und in der Nachbarschaft lagerten, aufzusaugen und zu genießen. Bereits als er näher kam bemerkte er trotz der Dämmerung, dass die Tür des Lagerraums nicht verschlossen war. „Hat das jemand vergessen, oder was?" Misstrauisch sah er sich um. Auf den ersten Blick war nichts Besonderes zu entdecken. Die wenigen Bigpacks standen wie immer rechts am Eingang nahe der Ladeluke. Alles in Ordnung. Im Raum für die Analytik der Ware und die Rückstellmuster lagen allerdings auf dem Tisch ein paar Päckchen herum, die normalerweise aufgeräumt sein sollten.

„Komisch – wer hatte sich da wohl was zu schaffen gemacht?" Das konnte Jörn Jensen nur zusammen mit jemandem auf der Qualitätssicherung klären, denn in den Details dieser Muster kannte er sich nicht aus. Aber selbst wenn diese abgepackten Proben nichts zu sagen hätten, Unordnung konnte Jörn Jensen sowieso nicht leiden. Aber das wäre dann morgen zu klären.

Weil er hier jetzt nichts mehr ausrichten konnte, verschloss er den Eingang wieder sorgfältig und gönnte sich für den Rückweg nach Nienstedten noch einen kleinen Umweg über das Portugieserviertel und landete auf einen Absacker im El Paisa gegenüber der englischen Kirche. Das war ein Ort, der garantiert nicht von Touristen übervölkert war.

Nachdem Jörn Jensen sein Rotweinglas in nachdenklichen Schlücken fast geleert hatte, kam die Wirtin mit einem Krug an seinen Einzeltisch. „Trinken wir auf unseren letzten Tag. Morgen müssen wir schließen. Ein sogenannter Investor hat den ganzen Komplex aufgekauft. Und wir sind draußen. Auf das, was kommt… Vielleicht machen wir später irgendwo in Pinneberg oder Elmshorn wieder neu auf."

„Kaufmannsschicksal" dachte Jörn Jensen „das Leben in unserer Stadt ist hart geworden. Wettbewerb mit allen nur denkbaren Mitteln." Vielleicht hatte jemand auch bei ihm etwas vor… Er musste unwillkürlich an diese Beobachtung bei sich im Lager denken. „Man sollte auf der Hut sein." „Gibt es irgendjemand, der mir etwas Böses will oder der glaubt, noch eine offene Rechnung mit uns zu haben?" schoss es immer durch seinen Kopf. Natürlich gab es auch Konkurrenten in seiner Branche. Aber so hart waren die Bandagen bislang unter den Exporteuren der Hansestadt nicht.

Rue de l'Ancienne Comédie
Dieser Teil von Saint Germain ist traditionell das Viertel der Literaten. Im Le Procope verkehrten schon in der Mitte des

achtzehnten Jahrhunderts alle Literaten von Bedeutung. Später liefen andere Treffpunkte wie Les Editeurs oder Le Hibou ganz in der Nähe auf dem Weg zum Théatre de l´Odéon diesem Ort den Rang des einzig möglichen Treffpunkts ab. Gleich dahinter liegt der Jardin du Luxembourg, der bei sonnigem Wetter einfach ein toller Park ist.

Vielleicht hätte René vor der Wahl des Restaurants ja wissen sollen, dass in Zeiten der Französischen Revolution Le Procope ein Restaurant war, in dem oppositionelle Geistesgrößen sich nicht nur trafen, sondern auch gerne bespitzelt wurden, weil man von Seiten der Monarchie ja natürlich immer irgendwelche Verschwörungen vermutete, und die waren natürlich gerne Sache der Intellektuellen.

Weder Aline noch René wussten exakt, an welchem Ort sie das Taxi entließ. Ja, das Restaurant schien repräsentativ. "Wir sind heute Abend eingeladen" quetschte René zwischen seinen Lippen hervor „du bist meine Sekretärin. Musste ich so machen, um dich mitzubekommen". Noch bevor Aline über die weitere Bedeutung dieses Satzes nachdenken konnte, führte sie ein Livrierter in den oberen Bereich an einen schön gedeckten runden Tisch, wo die beiden zwei Herren orientalischer Herkunft erwarteten und in der landesüblichen Art begrüßten.

„Salam, Monsieur René", „ wir dachten dieser lauschige Platz ist richtig und hoffentlich mögen Europäer Meeresfrüchte genauso gerne wie wir. Wenn selbst der Prophet sie für halal hält…" „Heute Abend kein Geschäft, wir wollen die Zeit nach unserem erfolgreichen Nachmittag genießen. Wir schätzen uns glücklich, dass sie unsere Gäste sind."

Zu sehr hätte es Aline interessiert, von welcher Art Geschäft da die Rede war. Aber vordergründig galt ihre erste Sorge nun der Karte. „Bitte keine Austern"!, die mochte sie nun überhaupt nicht. Hoffentlich blieben ihr die erspart. „Dann zur Not eher noch Schnecken, wenn man sich damit freikaufen kann", dachte sie und sagte später bei Durchsicht des Fischmenues „ich liebe Schnecken".

Der Abend erging sich folglich umrahmt von schönem Geschirr und Besteck, ausgesucht zuvorkommenden Kellnern und einem opulenten Fischmenue sowie blumigen Schilderungen der Emirate mit großen Autos, klimatisierten Welten, völlig andersartigen monströsen Hotels, Liebe zu Falken und unvorstellbarem Luxus. Wieweit die beiden Gesprächspartner selbst zu dieser Society hinzugehörten, ließ sich für Außenstehende nur erahnen. Aline versuchte wenigstens mit der ihr eigenen weiblichen Logik das zu erahnen. Eine sehr teure Variante auf Rolex, mit teuren Steinen gezierte Manschettenknöpfe, äußerst gepflegte Schuhe. Ansonsten konnte Aline solchen Abenden normalerweise nur wenig abgewinnen, aber die Emirate weckten schon ihr Interesse. Eine Reise dorthin? Warum nicht. Könnte durchaus eine Idee sein. „Aber was könnte René diesen Leuten bieten oder geboten haben?" kamen daneben misstrauische Gedanken hoch: „Ist das dann wirklich legal? Die Emirate bitte nur, wenn alles mit rechten Dingen zugeht." So war Aline in Gedanken an diesem Abend gut beschäftigt. Für René und Aline blieb das Procope ein Restaurant wie jedes andere dieser Klasse. Nur die aufmerksamen Gastgeber beäugten immer wieder die nähere Umgebung mit einem leicht misstrauischen Blick, so als ob sie sich in ihrer Haut nicht ganz sicher fühlten. „Ob einer von Ihnen unter dem Gewand wohl eine Waffe trägt?" Auch dies blieb eine offene Frage. Und so schürte dieses Treffen wohl mehr die Neugier aller als dass es irgendwie informativ war. Der einzige, der das Ganze mit einem nachdenklichen Blick verfolgte, war René.

Palmaille und Pickhuben
Der Morgen begann einmal wieder mit fordernden Telefonaten. Der Container, in dem sich Muskat, Pfeffer und Curry befinden sollten, war immer noch nicht da. Wo steckte die Fracht im Moment? Warum war sie verspätet? Und wann könnte man mit dem Eintreffen wirklich rechnen? Die

typischen Fragen im Exportgeschäft. Und um solche Details kümmerte sich Jörn Jensen dann doch lieber persönlich als ausgerechnet dies einem Assistenten zu überlassen.

Zum späten Vormittag dann fiel ihm wieder ein, dass er sich ja um die Unordnung des Vorabends im Lagerschuppen kümmern wollte. Eigentlich müsste Frau Freese aus der Qualitätssicherung ja wohl wissen, was da gestern los war. Da ging er gleich einmal in ihrem Büro vorbei.

„Hören Sie auf, gestern, da kam dieser lächerliche kleine Kunde aus der Schützenstraße, der regelmäßig kleine Mengen Hanfsaat für seine Konserven bezieht und plötzlich ein Problem mit einem seiner Abnehmer hatte wegen überhöhtem THC-Wert". „Aber das Problem hatte wir bei unseren Lieferanten doch noch nie". „Eben hab ich ihm auch gesagt und ich konnte ihm sogar alle Analysen der Chargen aus den letzten zwei Jahren vorlegen. Aber das hat ihm nicht gereicht, Und da ich hier wirklich reichlich zu tun hatte, hab ich schließlich am Nachmittag unsere Praktikantin, die Ina Hansen in den Speicher geschickt, um dann auch noch die noch vorhandenen Rückstellmuster zu holen. Ja und als dann auch noch der dämliche Kunde am späten Nachmittag Entwarnung gab und entspannt und scheinbar völlig unschuldig erklärte, er hätte sich geirrt, habe ich die Hansen gleich noch einmal losgeschickt, um die Muster wieder an Ort und Stelle einzusortieren. Wieso, war etwas im Schuppen?" Jetzt musste Jörn Jensen etwas entspannter grinsen „o.k, als ich dann etwas später kam, war die Tür nicht richtig verschlossen und außerdem lagen noch reichlich Muster auf dem Arbeitstisch. Da wollte es sich die Kleine wohl besonders einfach machen. Aber o.k. war ja auch noch einer ihrer ersten Tage. Da wollen wir noch keinen Staatsakt daraus machen. Jetzt kann ich mir wenigstens vorstellen, was da los war." „Vielleicht wäre es gut, es geht noch einmal jemand mit unserer Praktikantin in die Speicherstadt und erklärt ihr das Ganze in Ruhe. Wenn sich dann wirklich Zeit dafür findet.

Jörn Jensen fühlte sich jetzt – trotz der Tatsache, dass er am

Vorabend im Speicher nicht akzeptable Zustände vorgefunden hatte – einigermaßen beruhigt. Ein Praktikantenfehler und eine überlastete Kollegin. Zwei Gründe, jetzt keinen Staatsakt daraus zu machen. „Früher hatten wir noch Zeit, Praktikanten und Neulinge wenigstens einmal mit einer Barkasse durch den Freihafen zu schippern, um ihnen eine Idee von dem zu geben, was wir und was unsere Kollegen dort machen. Aber dazu reicht es inzwischen nicht mehr." Die Atmosphäre der Speicher von der Wasserseite und vielleicht dann der Moment, wenn gerade noch einmal ein paar Ballen und Säcke aus einer Schute in den oberen Teil gehievt werden, das sind einfach Anblicke und Beobachtungen, die sagen viel mehr über dies besondere Viertel, das allerdings auch schon jetzt immer mehr von seinem ursprünglichen Zweck verliert. Touristen besuchen dieses Viertel rein wegen des Ausblicks und der Atmosphäre. Von den archaisch wirkenden schlanken Schuppen mit den Fleeten dazwischen ging schon immer eine Anziehung aus, selbst zu den Zeiten, als hinter der Speicherstadt noch keine Hafencity errichtet wurde und der Freihafen noch ein vom Zoll streng kontrolliertes Gebiet war.

Carrefour de l´Odéon
Freitagmittag nach einer hektischen Woche. Wenn jetzt nichts besonders anliegt, gönnte sich der Doktor einen etwas früheren Saint Emilion. In der letzten Zeit hatte er diesen Platz – die netten Tischchen um die Kreuzung, die zum Le Hibou gehören - schätzen gelernt. Heute steht allerdings vor der Entspannung noch ein Gespräch mit dem Großhändler Bernard an. Bernard beliefert inzwischen seit etlichen Jahren französische Handelsketten. Er bekommt regelmäßig deren Ausschreibungen und fängt dann hektisch an, nach passenden Lieferanten zu suchen. Eine Methode, die in dieser Form nur bedingt erfolgreich sein kann. Er wollte wenigstens den Versuch unternehmen, den langjährigen potentiellen Geschäftspartner einmal zu einem sinnvolleren Vorgehen zu bewegen, um vielleicht eines Tages dann doch

noch reale Umsätze miteinander zu machen. Wie viele Produktmuster aus Deutschland, Dänemark oder Österreich hatte er Bernard schon ohne weitere Folgen zugeschoben und in Details vorgestellt? Wie oft hatte Bernard ihm auf eine Idee geantwortet „das kauft kein Franzose", um dann später doch wieder danach zu fragen? Wenn er heute wieder nur hektisch nach irgendetwas fragen sollte, dann freut sich der Doktor ganz einfach nur noch auf den Moment, wo Bernard sich seinen Roller schnappt und weiterdüst. Dann wird er sich gemütlich in der Sonne ausbreiten, die hier besonders lockende Avocado mit Zitrone und kräftigem dunklen Brot genießen und darauf mit einem Saint Emilion anstoßen. Aber soweit ist es noch nicht.

Bernard kommt um die Ecke. Neue schicke Brille. Bester Laune. „wenn es so weitergeht, kann ich bald meine Firma verkaufen. Der Umsatz hat sich in den letzten Wochen verdreifacht…" Mit anderen Worten: An Arbeit und Konzepten für die Zukunft sind wir nicht interessiert. Ob allerdings der große Durchbruch für Bernard dann wirklich anhält – man wird sehen.

„Ich sollte mal wieder bei Jürgen anrufen", dachte der Doktor, „ das ist irgendwie lustiger." Mit Jürgen war er früher aus Spaß zu großen Fachmessen gereist und hatte den Ausstellern rein aus Spaß eine Menge Muster abgeschwatzt. So waren die beiden mit Jürgens kleinem Wagen von Paris aus zur VINEXPO nach Bordeaux gereist, hatte den Winzern bester Weine Interesse vorgeheuchelt für Probekartons und Austern. Ein Spaß. Genauso, wenn man früher zum Open House der Antiquare im Louvre des Antiquaires ging. Da wurde man erst gar nicht gefragt, sondern bekam gleich Austern und Champagner gereicht. Das gehörte einfach zum Stil des Hauses. Also wenn schon Fake, dann richtig. Angesichts so manch unnützer Verabredungen, wollte man sich lieber gleich einen richtigen Spaß daraus machen. Schließlich bot Paris dazu einfach die jeder Hinsicht passende Bühne. Ein paar altgediente brotlose Journalisten in abgewetzten grauen Anzügen machten nichts Weiteres als Abend für Abend durch die Stadt von Buffet zu Buffet zu tingeln. Aber wenn man sich die besten davon aussuchte, war es genau passend.

Gerade wollte es sich der Doktor mit seinem Glas Rotwein so richtig gemütlich machen und blinzelte genüsslich in die Sonne, da sprach ihn ein Paar an. „Verzeihung, kennen Sie sich hier in der Gegend etwas besser aus als wir?" „Vermutlich schon, gab er gönnerhaft zurück, denn die Dame, eine kesse Dame in Schwarz gefiel ihm durchaus. „Also hier hinter uns, Richtung Théâtre de l´Odéon und Jardin du Luxembourg gibt es einige eher unspektakuläre Angebote „Aber gehen sie doch einfach ein Stück weiter versetzt zum Boulevard Saint Germain in die Rue Jacob. Da ist ziemlich am Anfang das Hôtel des Marronniers. Für Paare keine schlechte Adresse. Oder, wenn Sie es etwas kostspieliger lieben, ein Stück weiter ist ‚La Villa´. Kommen Sie damit klar?" Sie bedankten sich freundlich und gingen in die empfohlene Richtung. „Die jetzt alleine und ohne Begleitung, das wäre es heute Abend gewesen…", dachte der Doktor und wandte sich wieder seinem Glas zu. Immerhin, es hatte etwas fürs Auge gegeben.

Feldstraße
Heute Abend war Ina Schmidt im Medienbunker im Úebel und Gefährlich`, einem lauten Discoclub mit ihrer Freundin Jane verabredet. Nach ihrer ersten Woche im Praktikum brauchte sie das. „Und wie isses so, bei diesen Schlipsträgern in der Palmaille? Kannst du das überhaupt durchstehen. So ne Schlampe wie du, hahaha"
Bei dem einsetzenden Lärmpegel der dröhnend aufgedrehten Anlage fiel die Verständigung schwer." Ho, ganz gefährliche Sachen. Wir haben sogar Hanf im Lager, das darfst du in deiner Gärtnerei nicht anbauen…" Jane arbeitet in einer Gärtnerei nahe am Derbypark, und dort hat sie auch ein äußerst traditionelles Publikum zu bedienen. Und mit dem Hanf, den sie neulich zwischen Speicher und Büro hin und her trug, konnte sie in ihrer Clique wenigstens

etwas Besonderes erwähnen. Obwohl – in einer Stadt wie Hamburg sind Hasch und Marihuana mehr als gängige Phänomene. Aber Hanfsaat hat eben noch immer einen kleinen Kitzel, auch wenn man eigentlich nicht weiß, warum. Und der Bunker in der Feldstraße ist allemal ein In-Platz: für Kreative, weil hier seit Jahren Kreativdienstleister zu Hause sind und für die Szene, weil die berühmte „Schanze" und das „Millerntor" des FC St. Pauli nahe sind. So wie echte Szene-Fans sich immer schon eher zu Astra als Bier bekannten als zu Holsten, so war es auch immer deutlich cooler, Fan vom FC St. Pauli zu sein als vom HSV. Und dann noch die ganze Szene rund um die rote Flora. Auch die hat für bezüglich der Szene berührungsarme Hamburger zwei Seiten. Gewaltausbrüche, Autos anzünden, in der Stadt Randale machen auf der einen Seite und alternatives Leben, tolle und witzige Kneipen und coole Geschäfte auf der anderen. Nur so lässt sich die Psyche von Teilen der Stadt erklären. Und dann kommt vielleicht noch hinzu, dass sich gleich jenseits der Bahnschneise auf der anderen Seite praktischerweise das Uniquartier mit dem Grindelviertel dem Ganzen anschließt. In der Tat, dieser Teil Hamburgs ist nicht die typische Heimat der „Pfeffersäcke", sondern wie St. Pauli das Hamburg, das einfach anders sein möchte.

Und wer wie Ina dazugehören möchte, der ist hier natürlich auch genau richtig. Die Abende werden manchmal lang und laut, aber man trifft interessante Typen und eben auch neue Leute. Und deshalb ist man schließlich auch auf der Piste.

Aéroport de Paris-Orly

„Ich werde demnächst wohl häufiger nach Paris müssen", bemerkte René fast beiläufig, als sich das Taxi dem Geschäftsfliegerbereich näherte. „Wenn es bei mir geht, bin ich dabei" gab Aline zurück, „nur muss ich mir dann ja wohl überlegen, was ich mache, wenn du beschäftigt bist." In einer auch für sie selbst noch nicht ganz durchschaubaren Weise empfand sie mehr für die Stadt, etwas, was sie reizte. Die Stadt der Liebe? Nicht unbedingt. Sie hatte ja ihre Eroberung

René und einen sehr fordernden Job. Eher unspezifisch. Sie würde es noch herausfinden. „Die Stadt bietet dir mehr Geschäfte, Galerien und Museen als ich Termine haben kann. Du wirst schon etwas finden. Da bin ich sicher. Ich sollte dir vielleicht noch einmal das Schneider- und Modeviertel um die Rue de Sebastopol zeigen. Das ist auf vieles spezialisiert. Tagsüber die ganzen Geschäfte rund um Mode für den Großhandel und später am Tag in den Seitenstraßen die Damen in merkwürdigen Pelzmänteln, die darunter eher weniger tragen" „Hör auf … wieder typisch du, das ist nicht meine Welt. Lass mich damit an Land…" So einen Anflug von Macho konnte Aline genau genommen durchaus vertragen. Schließlich ließ sie sich in einer Metropole wie Paris auch gerne ausführen und beeindrucken. Aber auch nicht so, dass sie dabei wirklich Lust hatte immer die Rolle des Dummchens zu spielen. Ihr war nicht verborgen geblieben, dass René erst in einem der sinnlos luxuriösen Hotels an der Place Vendôme abgestiegen war, um dann später doch in ein schönes, aber deutlich weniger ambitioniertes Hotel in der Rue Jacob umzusiedeln. Aber das waren seine Planungen, seine Ausgaben und in diesem Bereich spielte sie ganz die Frau. Den Hintergrund seiner „Geschäfte" hätte sie vielleicht schon gerne genauer kennengelernt oder vielleicht doch lieber nicht. Obwohl die Beziehung zwischen beiden nach außen immer als fest bezeichnet wurde, machte René am Ende eher, was er wollte. Kam, reiste ab, verkündete Planungen und warf sie dann auch schon einmal wieder über den Haufen. Aber das funktionierte eben auch nur, weil Aline da mitspielte und zwischendurch froh war, wenig von René zu sehen und zu hören. Und solange sie auch sonst nicht alles von ihm wissen und hören musste….

Mit einer deutlich weniger gefüllten Sporttasche, die er immer noch trug, machten sie sich auf den Weg zu ihrer Maschine. Aline war gespannt, wann es wohl wieder nach Paris gehen würde. Vielleicht würde sie dann auch eine Idee bekommen, welche Art von Geschäften René da so macht. Obwohl, eigentlich konnte es ihr auch egal sein.

Adolfstraße

Die traditionsreiche Hamburger Handelskammer liegt genau an der Rückseite des Rathauses. Das musste nach dem großen Brand vom Hamburg 1842 wieder neu geplant und gebaut werden und wurde nach der Grundsteinlegung 1886 schließlich im Jahre 1897 fertig und eröffnet. Und seitdem ist das Rathaus mit seinem zentralen Rathausmarkt und dem unmittelbaren Kontakt zu den Alsterschwänen nicht nur für Touristen ein Hingucker geworden. Der Blick auf die kleine Alster und die Alsterarkaden ist einfach ein Teil der Hansestadt.

Die seit 1665 bestehende Vorgängerinstitution der Handelskammer hat mit der heutigen Organisation auf der Rückseite des Rathausmarktes mit der Adresse Adolfstrasse 1 eine äußerst repräsentative Adresse, die entsprechend gerne für Veranstaltungen und Treffen genutzt wird, und so möchte Jörn Jensen auch heute nicht bei der Sitzung der Arbeitsgruppe fehlen, obwohl er auch im Büro genug zu tun hätte. Und eigentlich waren oft die Anlässe – besonders solcher Sitzungen mit Gästen – einfach fruchtlos, weil da sich oft von ausländischen Regierungen hoch bezahlte Promoter präsentierten, die letztendlich gar keine wirklichen Angebote hatten, aber aus Gründen einer nominellen Handelsförderung alle möglichen Rundreisen auf Kosten ausländischer Fördertöpfe unternahmen. Was daran gelegentlich aber interessant war, eben die Aussicht gewisse Kollegen zu treffen. Da hatte sich heute aus Paris ein langjähriger Bekannter angekündigt, den alle inzwischen nur noch „Doktor" nennen, weil dies der Namensbestandteil ist, der bei ihm, abseits unendlicher Ehen stets sicher erhalten blieb. Den hatte er wohl im zarten Alter von 26 Jahren einst erworben und dann mit wechselnden Nachnamen, die auf sehr unterschiedliche Ehefrauen zurückgingen, kombiniert. Es war fruchtlos, sich das alles zu merken. Also hieß er im internen Sprachgebrauch einfach „der Doktor" und er hatte in diesem Fall noch einen französischen Kollegen mitgebracht, der eben die Chance dieser Visite für sich zur Erkundung nutzen wollte.

Gleich im Foyer traf Jörn Jensen auf den Doktor zusammen mit einem hochgewachsenen Begleiter, der sich als Gianfranco vorstellte. Für diesen späten Nachmittag war auch nur eine kurze Sitzung in einem der oberen Räume vorgesehen. Schon bei dem Get-together in der ersten Pause bemerkte Jörn Jensen, dass der besagte Gianfranco mit dem Doktor tuschelte. „Ja, der möchte sich jetzt die Hauptattraktionen der Stadt ansehen und über die Reeperbahn bummeln, um all die legendären Adressen wie die Herbertstraße und die Große Freiheit mit eigenen Augen zu sehen." „Na, dann wird er ja wohl für heute versorgt sein. Den Rest findet er dann schon selber, oder?" „Also, sie fangen am besten bei der Davidwache an und erkunden dann soviel St. Pauli, wie sie wollen."

Jörn Jensen und der Doktor waren nicht ganz unfroh über diese Entwicklung. So würden sie nach Programmende die Möglichkeit haben, noch ein wenig unter sich zu plaudern. Die Einigung auf den passenden Ort fällt nicht schwer, denn das Café Paris ist gleich um die Ecke. „Ich weiß immer nicht, wie ich meine Liebe teilen soll", beginnt der Doktor und merkt während seines Redens, wie mehrdeutig er damit wird, „nein, ich meine wirklich nur diese beiden Städte Paris und Hamburg, zwischen denen man sich wahrlich nur sehr schwer entscheiden kann." Der Doktor hatte selbst lange in Hamburg gelebt und war nun aus geschäftlichen Gründen in Paris. Er nutzte immer gerne eine Gelegenheit, in die alte Heimat zu kommen, obwohl er inzwischen das Leben in Paris sehr genoss. „Ja, mein Lieblingsthema die Frauen, die haben in Paris schon ihre Klasse. Das fängt bei der Kleidung an: mehr Röcke, mehr hohe Absätze, vielleicht auch mehr Stil…"

„Und was machen abseits dessen die Geschäfte", lenkte Jörn Jensen das Gespräch auf eine andere Ebene. „Ja, das ist ja das Erstaunliche: Für das, was Franzosen lieben, machen sie auch das Geld locker. Wenn man also auf die richtigen Pferde setzt, ist die Lage besser als ihr Ruf." Und so tauschte man sich noch ein wenig für die wechselseitige Lage an den Warenbörsen aus. „Und vielleicht kommt der gute Hanseat

Jensen mich ja doch demnächst mal wieder besuchen…"
„Nicht nur gute Hanseaten machen gerne mal den Weg nach Paris", klang es unerwartet von hinten. „Helen Schlüter", nachdem man sich nun gegenüber stand „ich bin eine ehemalige Kollegin von Jörn. Dich trifft man auch nur noch selten in der Stadt. Wie geht es?" Der geübte Blick des Doktors erkannte freilich schnell, dass die Bezeichnung Kollegin vielleicht etwas untertrieben sein konnte. „Wo hast du inzwischen dein Büro?" wollte Jörn wissen. „Ganz neu, in der Hafen-City, solltest du dir mal anschauen…" und schon verteilte sie ihre Visitenkarten. Auch für den Doktor war der Anblick von Helen keine Strafe. Dunkle Business-Kombination, weiblich geschnitten und passend zu ihren leicht gewellten rötlichen Haaren. "Aber ich lass euch besser mit eurem Männer-Ding" sprach sie im schnellen Abschwirren, „ich seh gleich einen Kunden in der Stadt. Man sieht sich." Der Doktor schmunzelte innerlich „so, so der Jörn… auch ein tieferes Wasser, als man von außen sieht." Und dann schlug er laut vor, dass man jetzt noch einen gemeinsamen Drink auf den Tag nimmt und ein wenig über das plaudert, was man im Büro am Telefon nicht schafft.

Neuer Wall

Aline musste sich nun tatsächlich die Zeit vertreiben und die schreckliche Strafe hieß Shopping und nach allem Möglichen schauen. Bei dem freundlichen Wetter keine wirkliche Strafe. Sie spiegelte sich in einem der luxuriös wirkenden Schaufenster und befand, dass ihr Styling durchaus gelungen sei, aber dass ein neues Oberteil nicht nur ihre Laune, sondern auch ihren Anblick heben könnte. An Inspiration sollte es hier und in den benachbarten Passagen ja nicht fehlen. Und so bummelte sie denn tapfer durch die Welt möglicher weiblicher Oberteile, machte die Bekanntschaft etlicher Umkleidekabinen und blieb am Ende doch nur bei einer äußerst peppig geschnittenen Jeansjacke hängen. „Soll ich oder soll ich nicht? Was soll´s – ich soll…" und so verschwand das Teil dann in einer Einkaufstüte.

Als damals die großen und klassischen Passagen wie das Hanseviertel und die Gänsemarktpassage errichtet wurden, witzelte man gelegentlich, dass das vor allem wegen des Wetters sei. Aber sie bieten schon eine beachtliche Abwechslung. Kleinere Passagen wie etwa die Galeria oder der Hamburger Hof glänzen durch ein besonders ausgesuchtes Angebot.

„Aber eigentlich brauche ich ja etwas ganz anderes. Wenn wir wirklich demnächst wieder nach Paris fliegen, dann wäre ein tolles Röckchen gut, vielleicht sogar ein Minirock…" und schon startete der nächste Suchauftrag. Unendliche Blicke in verschiedene Spiegel „Ist das Teil etwas zu kurz? Dunkles Braun oder gleich Schwarz oder Anthrazit?" Fragen die einen die Zeit vergessen lassen. Lange schwankte Aline zwischen zwei dieser Exemplare und als sie sich fast entschieden hätte, klingelte bei ihr das Handy: „Wo steckst du denn?" Ich bin fertig. Wollen wir uns beim Hummerstand im Hanseviertel treffen?" „Dauert nicht mehr lange. Bin gleich da…" Bei einer solchen Avance würde Aline nicht nein sagen. Und im Grunde lockte sie ein kleiner Champagner dort mehr als ein Häppchen Hummer. Also ließ sie ausnahmsweise ihre Entscheidung für den Rock davon etwas beschleunigen und machte sich auf den Weg Richtung Hanseviertel. „Welches war noch gleich der richtige Eingang?" O.k. von der Galeria kam sie gerade am anderen Ende an. Aber wirklich verlaufen konnte man sich hier nicht. Da stand René bereits an einem der Stehtische und das Getränk in seinem Glas war auch richtig.

„Du scheinst etwas gefunden zu haben", bemerkte René zufrieden. "Und du… du bist auch beladen" „Ja aber kein Einkauf. So eine kleine Gefälligkeit." Der Blick auf den Platz zu ihren Füßen zeigte zwei relativ gefüllte Sporttaschen. Aline kommentierte nichts. Sie vermutete, es könne dann wohl wieder nach Paris gehen. Das fand sie schließlich alles andere als verkehrt. Die weibliche Neugier hätte sie nur zu gerne wissen wollen, was in den berühmten Spottaschen war. Aber statt zu fragen, führte sie René lieber ihre neuesten Errungenschaften aus den Passagen vor.

Rue de Thorigny

Wenn er am Wochenende Zeit hatte, zog es den Doktor gerne zu Kunst und Museen. Der Louvre stand natürlich mit vielen neuen Besuchern der Stadt gerne auf dem Programm und war nicht unbedingt sein erstes Ziel, obwohl er sich besonders an den Schätzen des Alten Ägypten, am alten Orient mit dem Codex Hammourabi genauso wie an der Anmut griechischer Plastiken eigentlich nie satt sehen konnte. Aber das Picassomuseum am Rande des Marais war ihm im Lauf der Jahre schon zu einem besonderen Ort geworden. Und er machte, wenn das Wetter es irgend zuließ, den Weg dorthin gerne zu Fuß. Die netten Boutiquen des Viertels, vielleicht weniger zu Gastronomie, gaben en passant interessante Anregungen für kleine Geschenke und Accessoires. Und das Museum selbst erinnerte einen immer wieder an die grandiose Vielfalt des Künstlers, der sich so viele und unterschiedliche Schaffensperioden gegönnt hat wie kaum ein anderer. Und selbst für den häufigeren Besucher bietet die immer wieder neu arrangierte Ausstellung immer wieder etwas Neues zu entdecken. Ein schönes Gefühl, dass ein Mensch sich so ändern darf und sich immer wieder neu erfindet. Das passte dem Doktor zu seinem Leben. In dieser Hinsicht konnte er Picasso gut verstehen. Einfach ein gutes Gefühl, dass selbst einer der ganz Großen sich immer wieder das Recht nahm, ein anderer zu werden.

Und wenn es auf dem Rückweg dann nicht zu wuselig ist, dann traut sich der Doktor auf den Place des Vosges, wo sich allerdings manchmal schlicht zu viele Menschen tummeln. Das gilt leider auch inzwischen für die Filiale des „Pain quotitien", des kleinen Biobistros in der Rue Pavée, wo man nur noch mit Mühe einen Platz ergattert. Aber der Doktor weiß sich eben in dieser Stadt schon ziemlich gut allein zu unterhalten, obwohl er sehr oft diese eigentlich irrationale Anwandlung spürt, all diese Erlebnisse noch mit einem weiblichen Menschen zu teilen. Denn natürlich ist ihm auch klar, dass dieser Wunsch das Leben per se nur komplizierter machten würde. Letztendlich war es ja immer viel unkomplizierter, sich einfach mit seinem Freund und Kollegen Jürgen, einem vor weit über einem Jahrzehnt ausgewanderten Deutschen, in der am Marais vorbeilaufenden Rue de Rivoli auf einen, zwei oder drei Glas Wein zu treffen, bei der Wirtin dazu ein paar Tartines zu bestellen und auf weibliche Komplikationen zu verzichten. Und für eine etwas niveauvollere Kunstbetrachtung zum Beispiel benötigt man eben auch einen Partner, der einen gewissen Sinn dafür mitbringt, denn allein die netten weiblichen Formen unter der Bluse und dem Rock machen den Kunstgenuss eben doch nicht perfekt. So ist es dann eben: ohne das weibliche Element fehlt der Reiz, aber so manche Attraktion geht über den Kopf.

Am Diebsteich

Eigentlich eine mehr als trostlose Gegend von Altona. Ohne die Verheißung, dass sich hier etwas ändert, sollte man Fremden nur vom Besuch abraten. Die S-Bahn-Haltestelle und vor allem die Unterführung darin – trostlos. Von der Seite der Gleise eben das Ende eines alten Bahnareals, das heute so nicht mehr benötigt wird: die Reste von alten Schuppen, Orte, in denen früher Drehkreuze für Loks waren – heute nicht mehr benutzbar. Und die Häuser am Rande der Bahnstrecke eben auch nicht gerade die Offenbarung. Genau in diese Gegend führte heute Jörn Jensen der Weg: Ein etwas abgerissenes Blumengeschäft gegenüber dem Eingang zum alten Friedhof, ein kleines Areal, auf dem künftige Grabsteine lagerten. Und irgendwo da, in einer ausgedienten Maschinenfabrik sollte der kleine Kunde hausen, der jetzt neuerdings ein paar Gewürze und Zutaten bestellen will. Da wollte Jörn Jensen doch erst einmal persönlich sehen, ob man mit solchen Leuten überhaupt Geschäfte machen kann.

Wie gesagt, die Gegend soll sich entwickeln. Seit Jahren gibt es Oasen von entkernten und neu gestalteten alten Fabrikgemäuern. Und schließlich soll demnächst dann noch aus dieser gräuslichen letzten Bahnstation vor dem Altonaer Bahnhof die neue Station Hamburg-Altona entstehen. Ohne den alten Kopfbahnhof und auch ohne all die maroden Gleichreste längst vergangener Eisenbahnzeit. Bis das dann allerdings wirklich hübsch aussehen kann, da werden noch viele Jahre vergehen. Mal sehen. Jörn Jensen suchte nach der richtigen Hausnummer. In dieser Gegend kein Wunder .."Das rund geschwungene Backsteingebäude müsste es sein." Er ging durch das Hoftor und entdeckte zur rechten das gesuchte Firmenschild neben einer schweren Türe aus gebürstetem Eisen und Glas. Nachdem er geklingelt hatte, meldete sich eine freundliche Frauenstimme und betätigte den Summer. Eine blonde junge Frau nahm ihn am oberen Ende in Empfang. Sie sah seiner neuen Praktikantin Ina Schmidt wie aus dem Gesicht geschnitten aus, vielleicht ein paar Zentimeter größer „Schmidt, Herr Wrage kommt gleich".
„Schmidt? Wir haben eine neue Praktikantin gleichen Namens…" „Ja, richtig, meine jüngere Schwester, sie arbeitet seit Kurzem an der Palmaille."Sie führte Jörn Jensen in eine rund geschwungenen modernen Besprechungsraum, in dessen Mitte ein interessant gestalteter Lichtschacht Tageslicht in den Raum holte. Der Jungunternehmer stellte sich vor
„Wrage, ja wir sind ein typisches Start-Up, wir entwickeln Rezepte und Produkte für unterschiedliche Kunden. Ja und da kennen wir uns zwar mit Geschmack aus und wissen auch noch viel über Rezepte, aber, wo dann auch noch die ganzen Zutaten herkommen sollen, das ist nicht mehr unser Ding." „Und wie sind sie da auf uns gekommen?" „Nun, in der Tat durch einen blonden Zufall namens Müller. Wir kennen uns da wenig aus und würden uns natürlich bemühen, ihnen die Sache so leicht wie möglich zu machen. Wir sind gerne bereit, die Ware nach Absprache auch bei Ihnen selbst abzuholen…"
„Oh diese Newcomer" lächelte Jörn Jensen in sich hinein.

„Als ob für kleine Mengen nicht die gleichen strengen Vorschriften für Sicherheit, Kontrolle, Zoll und Buchhaltung gelten, wie für Großkunden, das kann kompliziert werden." Laut meinte er „Nun ja, wir müssen sehen, ob das wirklich geht. Wir können nicht einfach Ihnen zuliebe große Gebinde anbrechen und so weiter... Das hängt sehr vom Einzelfall ab."

Auf der anderen Seite hat der alte Fuchs Jensen auch ein Herz für junge innovative Unternehmen und so lehnte er die Bitte nicht sofort rundweg ab. „Lassen Sie uns ausprobieren, ob es geht. Wir müssen sehen." Schloss er nachdem man sich in weiteren Details über mögliche Zutaten, Rezepte, Versuche und die Kunden der jungen Firma ausgetauscht hatte. Eine andere Generation. Der Mut und diese Bereitschaft, querdenkend über viele Tellerränder hinaus zu schauen gefiel ihm, ebenso wie letztlich die Unbefangenheit, mit der man ihn angesprochen hatte. Außerdem bieten solche neuen Kontakte auch eine willkommene Abwechslung zu dem traditionellen Geschäft. Und wenn dann auch noch ausgerechnet eine neue Praktikantin diesen Kontakt hergestellt hatte. Warum also nicht?

Rue Lafayette

Diesmal war Aline auf einen wieder einmal kurzfristig von René angekündigten Flug nach Paris besser vorbereitet. Sie schlug ihm vor, für die Übernachtung doch einfach ein Hotel nahe der Oper zu wählen, dann könnte sie von dort aus etwas einfacher zum Shoppen kommen. „Wenn´s weiter nichts ist... Das lässt sich einrichten. Aber diesmal habe ich auch etwas mehr zu erledigen, kann mindestens einen ganzen Tag dauern." „Aber Liebling, du weißt doch, wenn es ein paar gute Geschäfte in der Umgebung gibt, habe ich fast schon ausgesorgt." So konnte man sich schnell einig werden. Aline hatte vorsorglich schon mit ihrer Schulfreundin Evita telefoniert, die gerade als Journalistin für einige Zeit in der Stadt zu tun hatte. Das traf sich gut. Evita war zwar nicht sonderlich hübsch und elegant, aber die ideale Begleiterin für allerlei Unternehmungen. Sie war es gewohnt, sich auf eigene Faust fast überall in der Welt zu bewegen und das bewunderte Aline an ihr. Aline ließ sich lieber von einem Mann durch die Welt führen. Aber wenn der gerade keine Lust hatte oder nicht verfügbar war, dann war es eben gut, jemanden wie Evita zu kennen. Die Aufgabe für diesen Tag lautete: Zeig mir die Kaufhäuser. Und davon gibt es in Paris ja nun reichlich. Die beiden fingen natürlich mit dem Stammsitz der Galéries Lafayette in der Rue Lafayette 1 an. „Ja, schon ein imposantes Kaufhaus" kommentierte die kundige Reiseleiterin, „aber seit etlichen Jahren machen asiatische und arabische Touristen die Hauptkundschaft aus. Die kaufen dann gleich noch bei den Outlets aller bekannten Marken ein. Kaum vorstellbar, dass 1893 der Kaufmann Théophile Bader und sein Cousin Alphonse Kahn hier auf einer Fläche von etwa 70 Quadratmetern mit einem Wäschegeschäft starteten, mit dem Namen Galéries Lafayette – eben nach seiner Lage benannt. Vieles an dem heutigen Kaufhaus kam erst später: die wunderschöne Kuppel, die tolle Dachterrasse.

Dort würden die beiden Freundinnen dann auch bald auf der Terrasse stehen, nachdem sie wenigstens im unteren Bereich Shops wie die von Cartier und Louis Vuitton einmal ausgiebiger erkundet hatten und dann die Kuppel des Hauses in dem großen Innenhof bewunderten. Ein großartiger Anblick. „Den müsstest du erst in der Weihnachtszeit sehen. Aber jetzt schauen wir uns Paris aus etwas höherer Höhe an." Gleich vorne die Opéra, weiter hinten rechts der Klassiker, der Eiffelturm und dann ein Blick über die unendlichen Dächer und Kuppeln der Stadt, die Aline zwar irgendwie bewundern konnte, in deren Fülle und Vielfalt sie sich aber noch sehr wenig auskannte. „Da hinten vor der Seine links, da war früher noch das schöne Kaufhaus Samaritaine. Danach wurde es für Jahre geschlossen. Vielleicht wird es ja wiedereröffnet und hinten links, das sieht man hier schlecht Le Bon Marché, das alte Kaufhaus von Saint Germain. Das gibt es heute noch. Rive Gauche, auf der linken Seite der Seine. Das ist das alte Paris, das hörte vor Christus auf den keltischen Namen Lutece, unter den Römern war schon auf Stadtinsel, der Île de la Cité, von den Parisi die Rede. Aber auf der linken Seite der Seine sieht man noch heute einige der römischen Reste und dann natürlich den Beginn der christlichen Ära etwa in der wunderschönen Kirche von Saint Germain, wo gleich gegenüber dem in der Neuzeit berühmten Café der Deux Magots, und des Café Floredie alte Kirche des Heiligen noch heute zu sehen ist. „Schade, an all dem war sie bei dem letzten Besuch nur achtlos vorbeigestreift", dachte Aline. Aber das war das Problem mit Evita. Die verstand nur sehr bruchstückhaft, was Aline so tief anziehend mit Männern und Beziehung verband. Da war Evita eher amusisch, bei all der sonstigen Bildung und diesem Entdeckungsgeist, der Evita in die Erkundung fremder Länder, anderer Kulturen und deren Abenteuer trieb. Bei den Männern hörte dieser Geist relativ schnell auf. Es hatten ihr wohl einige der ersten Erlebnisse gereicht, um zu erkennen, dass das nicht ihr Ding war. Und also hatte sie fortan auch eher darauf verzichtet, denen neue Versuche und Abenteuer hinzuzufügen. Und damit – das wusste Aline – fuhr man deutlich besser, dass man die Untiefen dieser Beziehungen besser aus dieser ansonsten sehr offenen Frauenfreundschaft ausklammerte. Und daran hielt sie sich auch seitdem.

Trotzdem liebte Aline diese Bereicherung, die sie aus diesem völlig anderen Leben ihrer Freundin erlebte. Wenn für sie in einer Stadt wie Paris dann gleich auch deren Jahrtausende zurückreichende Geschichte präsent war, wenn sie alleine schlecht genau wusste, was in dieser Millionenstadt wo zu finden ist. „Für so kurze Zeit hier, kennst du dich aber bereits toll aus", bewunderte sie ehrlich ihre alte Freundin. „Ja gut, du kommst ja auch immer nur auf Kurzbesuche hierher. Aber dafür hast du einen René, mit dem du dann einfach hierher fliegen kannst." „O.k., das stimmt", dachte Aline, „aber er wird sich vermutlich nicht für das interessieren, was Evita über die Stadt alles weiß." „Lass uns in der Nähe noch einen Kaffee trinken und erzähl noch ein wenig von dir, ich muss leider am frühen Nachmittag noch einmal in die Redaktion und danach zu einem Empfang in die Nähe des Palais de Chaillot."

„Schade", entfuhr es Aline, „ich könnte jetzt länger mit dir zusammen etwas machen. Wir sehen uns so selten." „Wenn du noch Zeit hast, überlegte Evita, dann könnte ich dich eigentlich auch zu diesem Empfang einfach mitnehmen. Das ist hier in Paris. Da bringt man ständig neue Leute mit…" „Worum geht es dann da, nicht das ich da unpassend bin." „Ach was, da gibt so ein Fernsehvermarkter einen kleinen Empfang für Medienkollegen. Ich hab dem versprochen, zu kommen, aber zusammen wird das bestimmt lustig. Der Platz ist nicht unbedingt der tollste, aber der Blick von dort auf den Eiffelturm ist einfach toll." „Also, wenn du wirklich meinst, dass das geht." „Dann treffen wir uns also gegen fünf am Palais de Chaillot. Ich freue mich. Da ist eine prima Idee."

Place du Trocadéro

Aline hatte sich in die schwarze Kombination geworfen, zu deren weich fallendem, taillierten Blazer sie in Hamburg sich noch das passende kurze Röckchen geleistet hatte und sah – falls irgendjemand das bemerken würde – mit ihren reichlich fallenden schwarzen Haaren einfach umwerfend aus. Wie immer hatte sie sich dazu auch vorher mit ihrem Styling und Aussehen beschäftigt. Evita hingegen kam in ihrem üblichen Jäckchen über Jeans, was sie schon vorhin in der Stadt getragen hatte. „Hey, wie siehst du denn aus? Hatte ich gesagt, wir gehen auf eine Modenschau? Nein, im Ernst, steht dir gut." Die beiden Frauen hatten sich gleich in der Nähe des breiten Aufgangs entdeckt und gingen gemeinsam zu dem Empfang, wozu der Veranstalter ein Restaurant reserviert hatte. „Das finde ich aber schön, dass sie kommen" tönte es aus dem Eingangsbereich. Jürgen Schulz, ausgerechnet der smarte deutschstämmige Vertriebsleiter hatte die beiden Frauen mit professionellem Blick sofort ausgemacht. Er unterstellte Aline selbstverständlich, dass sie eine Kollegin von Evita wäre und so entstanden erst gar keine sonderlichen Rückfragen. Wie bei den üblichen Honneurs üblich wollte Jürgen Schulz den beiden Ankömmlingen seine Aufmerksamkeit unter Beweis stellen und so stellte er sie einfach schnell seinem Freund, dem Doktor, der gerade noch mit ihm zusammengestanden hatte als Ankömmlinge vor. „Hier eines der charmantesten Pariser Wesen, natürlich nach mir…" und schon war er zur Begrüßung der nächsten Gäste, die jetzt alle mit deutlicher Verspätung eintrudelten, verschwunden.

„Und sie, sie arbeiten jetzt hier in der Pariser Dependenz", machte er den ersten Smalltalk-Versuch. „Nur auf Zeit, bei Aline sogar nur auf Besuch", gab Evita zurück, um Aline eine Starthilfe zu geben. „Und Sie, sie scheinen schon länger hier zu leben…" „Ja, ich habe mein Büro zwischen der Madeleine und der Börse und ich hause ansonsten in einer kleinen Wohnung Richtung Tour Montparnasse… Aber die Stadt allein ist es wert, hier zu sein. Obwohl – ganz ohne Kunden wäre es dann auch hier etwas langweilig."

„Haben Sie eigentlich schon diesen besonderen Ausblick genossen", sprach er mit einem Schritt zu einem der großen Fenster. Die besondere Perspektive auf den Eiffelturm… und natürlich erst abends, wenn er beleuchtet ist, genau genommen schon sehr spät." „Aline hätte dieser Stimme noch einige Zeit zuhören können, aber sie merkte, dass es Evita weiterzog. Und charmant merkte auch er, dass es nicht die Gelegenheit war, mit den Damen mehr als Smalltalk zu machen, hinterließ noch schnell beiden seine Karte „Ach ja, falls Sie einmal nichts Besseres zu tun haben, rufen Sie mich doch einfach an…" Das Vergnügen der Karten blieb etwas einseitig, denn die Damen hatten ihre wohl im Büro vergessen.
„Ein Glück, dass es wenigstens nicht einer dieser penetranten Fachanwälte war, die einen auf Schritt und Tritt von ihrer Notwendigkeit zu überzeugen versuchen." „Aber er war doch eigentlich nur nett", gab Aline zurück, obwohl sie

genau merkte, dass ihre alte Freundin Evita genau für solche Zwischentöne keinen weiteren Sinn entfaltete. Jedenfalls verstaute Aline in einem unbeobachteten Moment die Karte in einem Nebenfach ihrer Handtasche „man kann ja nie wissen".

Inzwischen war es Zeit für einen kleinen offiziellen Teil, fließend auf Französisch und doch etlichen Erklärungen zum Zweck der Einladung. Als Aline gerade an dem immer noch jungfräulichen Buffet vorbeistrich, entdeckte sie auf ihrem Handy eine frische SMS von René. Er sei noch aufgehalten und sie möge sich doch ruhig noch in der Stadt umsehen, bis die letzten Geschäfte schließen. Evita hatte gerade einen echten Kollegen getroffen und so beschloss Aline, sich etwas abseits zu postieren. „Haben wir uns irgendwo in der Stadt nicht schon einmal gesehen. So eine charmante Erscheinung wie sie kann man nun wirklich schlecht übersehen." „Ich weiß nicht", gab Aline ausweichend zurück und wäre nicht Evita gewesen, wäre sie vielleicht noch etwas direkter auf den Doktor eingegangen. „Ich muss jetzt leider zu meiner Kollegin, wir haben noch einiges zu besprechen" zog sie sich zurück, nicht ohne die Konversation mit einem hoffentlich beiläufig genug klingenden "ich meld mich" abzuschließen.

Nun endlich waren auch die Reden vorbei und Aline und Evita konnten sich noch einig gemeinsam dem Buffet zuwenden. „Sieht nicht schlecht aus", bemerkte Aline, „aber die Kalorien. Auf die Dauer wär das vermutlich nichts für mich, oder besser gesagt für meine Figur." „Solange das nicht zu oft ist, geht es", meinte die realistische Evita. „Soll ich dich noch auf dem Weg zum Hotel begleiten? Dann können wir noch ein wenig reden." Das war Aline mehr als recht. So brauchte sie sich nicht mehr darum zu kümmern, den Weg zu finden.

Paris zu Fuß

Ein Spaziergang vom Place Saint Michel in Saint Germain zum Place des Vosges im Marais

Zeitaufwand mindestens eine Stunde, bei Pausen zum Gucken deutlich mehr.
Sie verlassen den Platz und gehen über die Pont Saint Michel hinüber auf die Île de la Cité und halten sich dann rechterhand zur Kathedrale Notre-Dame.
Sofern die Menschenschlange am Eingang nicht zu lang ist, lohnt sich immer ein Blick in das Innere der Kathedrale.

Hinter der Kathedrale nimmt man die Brücke Pont Saint Louis, die einen auf die Île Saint Louis führt.
Dort folgt man der Rue Saint Louis en Île, welches dort zugleich die Hauptgeschäftsstraße ist, und man kann die Insel nach links über die Pont Marie verlassen.
Über die Rue des Nonnains de Hyères erreicht man die Metrostation Saint Paul.
Sie überqueren die Rue de Rivoli und biegen in die Rue Pavée ein. An der rechten Seite kommen sie bereits an der Synagoge herbei.
Das Marais ist bis heute das jüdische Viertel von Paris.

Sie folgen der Rue Pavée bis zur Rue des Francs Bourgeois, die sie direkt zum Places Vosges führen wird. Nehmen sie sich unterwegs, vor allem im Marais, die Zeit, die vielen netten kleinen Boutiquen und Geschäfte anzuschauen.

Maurinstraße

Ein wenig neugierig war Jörn Jensen ja doch. Seine
verflossene Helen schien es inzwischen zu etwas gebracht
zu haben. Ein Büro in der Hafencity war immerhin in einem
der teuersten Pflaster der Stadt. Und als er dann eines
Nachmittags im Büro einmal etwas Zeit übrighatte, wählte er
ihre Nummer. „Ich beschäftige mich seit einigen Jahren jetzt
auch beruflich mehr mit dem Thema Rezepte, neue gesunde
Zutaten, alles was so en Vogue ist und was vor allem Frauen
so zu sich nehmen, um ja nicht zuzunehmen und trotzdem
noch etwas zu sich zu nehmen." Klang nicht ganz unlogisch
und so ein wenig mehr Hintergrund in dieser Richtung würde
da seinem Geschäft auch nicht schlechttun, um selbst auf
neue Ideen zu kommen und die Kunden auf Ideen zu
bringen. „Ja wir könnten das Gespräch doch auch einfach an
einem netteren Ort fortsetzen als hier am Telefon." „Klingt
nicht ganz falsch, aber dann wäre es nicht so doll, wenn wir
uns ausgerechnet in einem unserer Büros träfen nach dem
bewährten Motto ´bei dir oder bei mir' ". Ich hätte da einen
ganz netten Ort, den ich erst neulich entdeckt habe. Komm
doch einfach ins Museum der Arbeit in Barmbek."
Barmbek war für Hamburger lange ein unterschätzter
Stadtteil, eine bis in die dreißiger Jahre ausgeweitete
Ansiedlung für Hafenarbeiter in großen dunklen
Klinkerquartieren mit eher kleinen Wohnungen. In den
Elbvororten sah man auf blonde Frauen mit einer Barmbek-
Dauerwelle herab, aber das wird der Gegend um den Isebek-
Kanal nun wirklich nicht gerecht. Da ist um die Ecke die
Kampnagelfabrik mit spannenden kulturellen Angeboten und
eben direkt gegenüber der S-Bahn-Station Barmbek das
Museum der Arbeit mit einigen öffentlichen Schau-Exponaten
wie etwa dem großen Schaufelrad für Bohrung der vierten
Elbtunnelröhre. Über 14 Meter hoch und 380 Tonnen schwer.
Das will schon etwas heißen. Und in den restaurierten
Gebäuden früherer Industriekultur, wo bis in die dreißiger
Jahre Hart- und Weichgummi verarbeitet wurden, befindet

sich heute nicht nur ein Museum, sondern eben auch einige
Restaurants, die Helen offenbar schon besser zu kennen
schien. Sie schlug vor, sich im Lüttliv in der Zinnschmelze zu
treffen, warnte allerdings Jörn Jensen gleich vor, dass es
äußerst schwierig sei, dort in der Gegend einen Parkplatz zu
finden, falls er mit dem Auto kommen wollte. Sie selbst käme
mit den Öffies. Das sollte Jörn Jensen nun nicht
abschrecken. „Hoffentlich denkt Sie nur nicht in erster Linie
daran, ich wollte die alten Zeiten wieder aufwärmen." Das
war für Jörn Jensen nicht Sinn der Übung.

Als er schließlich nach vielem Kurven doch noch einen
halblegalen Parkplatz in der Nähe gefunden hatte und
danach schließlich auch noch den Eingang der
Zinnschmelze, traf er auf eine aufgeräumte Helen, die in
weiser Voraussicht schon seit einiger Zeit einen der
begehrten Plätze gesichert hatte. „Reservieren geht hier
nicht. Ich habe schlicht etwas gearbeitet, um mir die Zeit zu
vertreiben." „Du hast mich neugierig gemacht: Womit
vertreibst du dir jetzt die Zeit so gut, dass dafür ein Büro in
der Hafencity drin ist?" „Nur nicht so abschätzig über die gute
Helen denken. Nein im Ernst Jörn, ich habe mit Rezepten für
Superfoods offenbar bei vielen den Nagel auf den Kopf
getroffen. Und Superfood mit Trendlocation verkauft sich
einfach noch besser. Schließlich dient ja das alles letztlich
auch vor allem der Schönheit." „Und was gehört dann in
solche Rezepte hinein?", fragte Jörn vielleicht etwas
amusisch. „Alles, was gut und gesund klingt wie etwa Acai,
Baobab, Moringa, Maca, vielleicht immer noch Chia, etwas
Hanf – so in der Richtung…" „ Es gab ein paar kleine
Kunden, die fragten mal nach Hanf, sonst hab ich da wenig
bislang gesehen." „Ja, kein Wunder, die muss man eben
auch anleiten. Wenn man denen nicht Ideen, Rezepte und
Anwendungswissen geben kann, dann tun sich alle schwer.
Die Welt will heute einfach mehr Service und alles eher
möglichst mundgerecht nachgetragen." Jörn Jensen ahnte,
dass sie da einen richtigen Punkt aufgespießt hatte. So
traumtänzerisch, wie sie damals für ihn wirkte, war Helen
heute offenkundig nicht mehr. „Vermutlich hast du recht",

räumte er ein, „aber ich müsste mir einfach einmal überlegen, wie ich das bei meinen Kunden ansprechen kann." „Also, da gibt es Anknüpfungspunkte Acai wird im Biobereich etwa als Rezept-Ersatz für synthetisches Vitamin C eingesetzt, an Matcha lieben die vor allem die grüne Chlorophyll-Wirkung, bekommt man übrigens auch mit gemahlenen Hanfblättern hin, aber die Gretchenfrage ist am Ende immer der Geschmack… ,wenn Baobab mit in ein gut schmeckendes Rezept eingebettet wird, schmeckt das genauso grauslich wie Moringa. Das kann ich dir gerne mal an Mustern in meinem Büro vorführen…" Also doch demnächst mal die Hafencity. Jörn ahnte, dass dies doch nicht das letzte Treffen mit Helen sein würde und so schloss er dieses Job-Kapitel mit seinem berühmten „ja ich sehe schon…" und fügte hinzu „wir müssen das demnächst mal ausführlicher anschauen… Aber was machst du sonst so? Du siehst ja richtig gut aus…" „Du siehst, das kann man auch ohne dich. Aber für große Beziehungsanläufe war bei ihm sowieso wenig Sinn und Platz…ich war zwischendurch ein paarmal allein auf Sylt… hab viel Zeit für den Aufbau meiner neuen Rezeptarbeit gebraucht." „O.k. Inzwischen gibt es bei ihr also mehr als Geld ausgeben. Immerhin ein Fortschritt", dachte Jörn vor sich hin und so wurde der Abend am Ende dann doch etwas mehr als ein Pflichttermin mit der eigenen Vergangenheit.

Palmaille
Dieser Tag begann für Jörn Jensen etwas ungemütlich. Schon früh bekam er einen Anruf aus der Firma, dass der angekündigte Steuerprüfer bereits in seinem Büro auf Unterlagen und Informationen wartet. Dumm, das hatte er fast vergessen. Und dass so einer schon so früh da ist, damit hatte er nicht gerechnet. Also schnell noch die Buchhaltung aktivieren. Die war ja schon immer früh da. Und dann erst einmal dafür sorgen, dass der Steuerprüfer an seine Unterlagen kommt.
Als er dann im morgendlichen Stau über die Elbchaussee das Büro erreicht, findet er einen längeren Zettel mit

Terminen, Anfragen und Telefonanrufen vor. Herr Wrage würde ihn gerne wie angekündigt mittags im Fischereihafen zum Lunch treffen, der Steuerprüfer würde ab 16.00 ein paar Fragen besprechen wollen und und und

Die Planung war wie immer nicht wirklich passend, aber was soll´s. Es blieb da ganz sicher keine Zeit, einmal über die Bedeutung von Rezepten für sein Importangebot von Spezialitäten und die inzwischen so beliebten Superfoods nachzudenken. Eine Charge Vanille gesperrt, weil kontaminiert. Da sollte man dringend den Grund herausbekommen, denn wenn ein Malheur erst einmal passiert ist, könnte es sich sonst leicht wiederholen. Da muss man jetzt schnell nachtelefonieren, sonst ist in Sri Lanka schon Abend.

Am Mittag mit nicht allzu viel Zeit das Fischereihafen-restaurant, ein über Jahrzehnte erprobter Ort für gute Fischgerichte. Da sollte man den Ausblick und die Qualität der Küche genießen. Für Menschen mit weniger Zeit und Sinn für diese Mischung von kultiviert und Genuss gibt´s dann Richtung Landungsbrücken das volkstümlichere Fischerhaus, aber da wäre ein Geschäftsgespräch während der Mahlzeit eher schwierig.

Jörn Jensen kam leicht verspätet, dieser Herr Wrage wartete schon und hatte vorsorglich einen Tisch mit Aussicht auf die Elbe reserviert. Die Karte kannte Jensen längst auswendig. Eine leichte Scholle wäre jetzt richtig und außerdem lecker. Als der Ober gegangen war, nahm der Start-Up-Unternehmer den Faden auf. „Wissen Sie, was das bedeutet? Heute Morgen befragte die Polizei verschiedene Unternehmen in unserem Viertel, ob jemand aktuell mit Hanf arbeitet, sie wollten dann immer sehr genau wissen, welche Menschen, von wem und wann bezogen und was damit gemacht. Klang fast so, als suchten die nach etwas Bestimmten. Da muss irgendjemand etwas mit Hanf angestellt haben. Mehr weiß ich auch nicht. Wollte es ihnen auf jeden Fall sagen. Denken Sie, dass das unsere Bestellung betrifft?"

„Kann ich mir eigentlich nicht vorstellen. Wir lassen die THC-Werte immer sehr genau untersuchen. Unser Hanf ist

Lebensmittel und für den Rausch nicht geeignet. Ich weiß nicht, was wir damit zu tun haben könnten." Und dann erzählte der Start-Up-Unternehmer, dass seine Kunden immer öfter nach Zutaten wie Acerola, Acai und anderem Fruchtpulver fragten. „Auch ein Fall für Helens Tipps", dachte Jörn und kündigte an „damit werden wir uns in der nächsten Zeit auch mehr beschäftigen. Einen Trend sollte man nicht einfach links liegen lassen.- Ich komme da in Kürze auf Sie zu." Gerade schob sich eines dieser modernen Kreuzfahrtschiffe unter ihren Augen Richtung Elbmündung. „Von ihrem Büro aus sehen sie das bestimmt noch etwas besser, weil von oben." „Stimmt, und da muss ich leider schon bald wieder hin. Allerdings nicht zum Schiffe-angucken". Nachdem sie den Lunch schließlich noch wenigstens mit einem Espresso beschlossen hatten, wurde es schon wieder Zeit fürs Büro.

Der Steuerprüfer hatte wie alle Menschen seiner Profession die Mischung von außen jovial versetzt mit etwas Geheimniskrämerei und einem leichten Einschlag ins Kriminalistische. "Die Belege für die Spesen und Reisekostendetails kann ich ihnen eigentlich gleich wieder zurückreichen. Die interessieren uns nicht. Ich hätte gern noch einmal die einzelnen Wareneingänge und –ausgänge ihres Lagers." Das liegt natürlich in der Buchhaltung vor, aber interessant, dass man sic h ausgerechnet jetzt dafür interessiert. War das Zufall? Der schien ja wirklich nach etwas zu suchen. Aber warum? Und um was sollte es denn genau gehen? Das hätte Jörn Jensen jetzt nur zu gerne gewusst. Aber klar. Das würde der Steuerprüfer ihm natürlich nicht erzählen. Und das sind dann die Momente, in denen sich so eine nagende Unsicherheit einnistet, denn die Frage an allem bleibt: Hat man sich irgendwo etwas zuschulden kommen lassen? Er war sich dessen nicht bewusst. War denn irgendetwas rechtswidrig, was man in seinen Warenbewegungen finden könnte? Ihm fehlte dazu die Fantasie und er wusste nicht, wovor er sich hätte in Acht nehmen sollen.

**Von den Landungsbrücken über die Speicher-
stadt mit einem Blick in die Hafen-City**

Nehmen sie sich für eine solche Erkundung ruhig ein bis
zwei Stunden Zeit.
Der Weg beginnt mit einem Blick auf die
Landungsbrücken und dann auf die beiden meist dort
Richtung Innenstadt liegenden Schiffe, die Cap San Diego
und die Rickmer Rickmers.
Sie folgen der Hafenpromenade – sofern die Wasserseite
nicht wegen Bauarbeiten unbegehbar ist – bis zur U-Bahn
Haltestelle Baumwall und gehen über die
Niederbaumbrücke in die Speicherstadt
Auch wenn man bereits über den Sandtorkai einen
schönen Blick in die Speicherstadt hätte, zieht es heute die
meisten Touristen weiter zum Kaiserkai, wo man rechts das
neue Wahrzeichen der Stadt, die Elbphilharmonie sieht.
Dort kann man mit einem günstigen Ticket hoch auf die
Aussichtsplattform fahren und – zumindest bei ausreichend
gutem Wetter – einen Blick für den Hafen, die
Speicherstadt sowie Teile der Hafen-City werfen.

Über die Straße Am Kaiserkai und später etwas rechts
versetzt über Am Dalmannkai kommt man zum
Sandtorpark. Von dort über die Tokiostrasse nach links in
den Überseeboulevard und von dort über den Sankt
Annenplatz durch die Straße Pickhuben am Herz der alten
Speicherstadt vorbei durch den Brook zur Brooksbrücke.
Sofern man vorab Karten ergattern konnte, bestünde vor
der Brücke die Chance, das Miniatur-Wunderland zu
besuchen.

Aeroport Charles de Gaulle / Rue du Cherche-Midi

Gerade hatte der Doktor bei der Ankunft aus dem Flugzeug das Handy wieder eingeschaltet, da hüpfte ihn eine Botschaft von Fayola an. „Muss dich unbedingt sehen. Kann ich dich am späten Nachmittag besuchen?" Das konnte gerade noch klappen und die kleine Wohnung war in einem erträglichen Zustand. Also sagte er zu. Was Fayola wollte? Beim letzten Treffen hatte sie über den Mangel an Zeit geklagt. „Wer weiß, vielleicht soll ich ihr bei irgendetwas helfen. Kann ja sein." Mit ein paar Handgriffen war der kleine Koffer verstaut und die letzten Details im Wohnraum arrangiert. Als Menschen kannte der Doktor Fayola eigentlich Null Komma Null. Er wusste, dass sie aus ihrem ersten Leben zwei erwachsene Mädchen hatte, dass sie offenkundig mit einem väterlichen Freund zusammenwohnt. Das ist alles.

Nachdem sie die kleine Wohnung betreten hatte, küssten sie sich lange, zärtlich und intensiv wie Liebende. „Ich möchte neben dir liegen", kam sie sogleich zur Sache und legte die übergroßen Ohrringe ab und entledigte sich Ihres Röckchens. Der Doktor legte sich neben sie auf die Couch. Sie streichelten sich und küssten sich, Fayola liebkoste den Doktor immer wieder. Trotz des superschnellen Anlaufs, spürte er die Erregung, die bei ihm aufstieg. Sie zog ihm mit einigen Griffen erst seine Jeans und dann auch sein Hemd aus. „Ich möchte mit dir schlafen. Jetzt. Ich habe wenig Zeit. Ich will es. Ich will wissen, wie es ist." Sie meinte es so, wie sie es sagte. Der verblüffte Doktor versuchte, so gut es ging, ihrem Wunsch nachzukommen. Vieles schoss ihm durch den Kopf, das seine Lust hemmte. Wie oft und wo war sie wohl mit Gewalt genommen worden? Wie mochte sie das nach all den Erfahrungen jetzt empfinden? Er spürte eine tiefe Zuneigung zu diesem sicher oft verletzten Leben und es gelang ihm nur, eine für seine Verhältnisse sehr zurückhaltende Lust zu aktivieren. Das machte er durch viel Zärtlichkeit und intensive Küsse wett – jedenfalls versuchte er es. Sie lagen einen Moment schweigend. „So wurde ich noch nie geküsst. Es war wunderschön." Sie schaute auf ihr Handy, auf der etliche Nachrichten und Anrufversuche aufblitzten. „Ich muss jetzt gehen. Sie wollen, dass ich das Abendessen mache. Ich rufe Dich an."

Rue Bonaparte

Und so war sie es, die den Doktor reichlich verwirrt in den frühen Abend entließ. Er hätte nur zu gerne gewusst, ob dieser Anfang eine Fortsetzung ermöglicht, ob es vielleicht einen weiteren, etwas vertrauteren Anlauf geben dürfe. Der abrupte Schluss ließ viele Möglichkeiten offen und verbot eine direkte Nachfrage. Und so blieb ihm nichts weiter übrig, als diesen seltsamen Abend auf seine Weise zu besänftigen. Er ging in seine Lieblingsbuchhandlung gleich hinter dem Café Flore am Boulevard Saint Germain, suchte nach einem passenden Titel für den Abend und griff zu Madeleine Chapsal, „Les amoureux."

Auf dem Weg zu seinem Stammplatz Ecke Rue Jacob Rue Napoleon machte er noch einen kleinen Abstecher in die Alte Kirche und Abtei, in der Saint Germain, der 576 verstorbene Bischof von Paris sowie auch sein merowingisch-fränkischer König Childebert begraben liegen. Und selbst wenn die heute erhaltene Bausubstanz erst aus dem zwölften nachchristlichen Jahrhundert stammt, ist das hier ein historischer Ort. Für den Doktor ein besonderer, magischer Ort. Er übersieht den Bettler, der nahezu immer den attraktiven Platz am Portal der Kirche belegt und taucht einen Moment in die aufziehende Dunkelheit und Stille dieses sakralen Raumes ein. Hier spürt man Geschichte, Lutece und den gemeinsamen Bezugspunkt einer europäisch-abendländischen Kultur. Aus der Kirche nimmt er den Weg auf einen der freien Außenplätze des Bistros, ordert seinen Lieblingswein und versenkt sich in die Seiten der gerade erworbenen Lektüre, um die Verwirrung dieses Tages vielleicht damit abarbeiten zu können. Zu gerne hätte er jetzt mit Fayola gesprochen, ihr eine Nachricht geschickt. Aber er ahnte, dass sie es nicht schätzte, wenn man sie mit ihrer Familie störte. Und so tauchte er mit zunehmendem Abend weiter in die Seiten seiner Lektüre ein und versuchte mit einem weiteren Glas Wein sein Gemüt in die gewohnte Balance zu bringen. Offene Fragen und Geschichten mit einem unbekannten Ausgang waren einfach nicht sein Ding. Aber der heute erlebte Reiz mit seinem ebenso abrupt eingetretenen Ende ließ ihm wohl keine andere Wahl.

Place du Tertre

Für viele Touristen sind Sacré Cœur und Montmartre ein Highlight, ohne das für Paris nicht Paris ist. Die Zeiten, in denen der Aufstieg nach Sacré Cœur noch von echten Künstlern gesäumt wurde, ist lange vorbei und hat einem äußerst billig anmutenden Rummelangebot Platz gemacht. Ein wenig mehr von diesem Flair ist noch am Place du Tertre, dem Platz des Erdhügels, zu erahnen. Hier lebten zahlreiche Künstler, wie etwa Picasso und Utrillo und man kann sich noch ausmalen, wie sie in diese Kulisse passten. Da der Doktor heute einen Verleger, der sich gerne als Kunstkenner gerierte und der anschließend noch mit seiner Begleitung zur Spätvorstellung im Moulin Rouge verabredet war, wollte der Doktor an diesem Platz mit ihm sprechen. Er ergatterte dazu noch einen kleinen Tisch im Chez Georges. Dort kannte er die Verwandte des Wirtes, die im Hafenviertel von Marseille ein sehr nettes Restaurant führt.

„Wenn sie an diesem Platz sitzen, können sie immer noch ein wenig erahnen, wie hier das Leben vor etwa hundert Jahren war, als die Künstler genau hier nicht nur die Gunst der Vorüberziehenden sondern um ihren Platz in der aktuellen Kunst miteinander wetteiferten. Das stimmt sie schon ein wenig ein in die Zeit des Cancan und all dessen, was sie dann heute Abend noch sehen werden." Wenn fürs Geschäft nötig, dann machte der Doktor auch gerne den Touristenführer, solange er nicht in Paris hätte ähnlichen Klamauk mitmachen müssen wie zum Beispiel in Hamburg eine Reeperbahnführung. Da hatte er bei seinem heutigen Besucher Glück, weil dieser sich allzu gerne mit der Attitude des Kunst- und Kulturkenners schmücken wollte – einer Facette, die der Doktor nur allzu gerne bedienen wollte.

Das heutige Montmartre hat sowohl das Anrüchige alter Zeiten ebenso hinter sich gelassen wie die Kunstszene der alten Zeiten.

Steckelhörn

Von der Hauptkirche St. Katharinen hat man einen wunderschönen Blick auf die Speicherstadt. Dafür fehlt Jörn Jensen jeglicher Sinn. Er hat einen Termin mit seinem Firmenanwalt. Beide mussten inzwischen zur Kenntnis nehmen, dass Jensen im Moment als Zeuge im Falle einer Rauschmittelermittlung geladen wurde. „Wissen wir, denn inzwischen, worum es geht. Dummerweise haben wir ja keine Möglichkeit der Akteneinsicht. Meine Informanten aus den Ermittlerkreisen behaupten, da läge schon eine dicke Akte vor. Sind sie denn jetzt einmal ihre Kunden durchgegangen und haben überlegt, wo irgendeine Schweinerei möglich wäre?" Jörn Jensen hatte im Moment zu den offenen Punkten seines Anwalts nur wenig beizutragen. „Das einzige, bei dem ich lande ist unser lächerlich kleiner Handel mit Hanfsaat. Aber das macht doch alles keinen Sinn. Da habe ich diesen Wrage, einen kleinen Entwickler und dann in der Schützenstraße, diese etwas umständliche ebenfalls kleine Konservenmanufaktur. Mehr will mir einfach nicht einfallen… Und die berauschende Wirkung der Ware ist nach den stets ordentlich gemessenen THC-Werten völlig außerhalb jeder Diskussion. " Sein Anwalt, der in der Stadt nicht umsonst als harter Hund bekannt ist, legt gewöhnlich den Finger in die richtigen Wunden. „Fragen wir doch einmal ganz anders: Wie läuft denn so ein Hanfbezug von Ware bei Ihnen? Hatten Sie da früher auch mal andere Kunden? Kam ihre Ware aus unterschiedlichen Quellen? Ich suche noch immer nach einer

Quelle, die wir gerade noch nicht im Blick haben." Jensen muss nachdenken: „Natürlich hatten wir auch schon einmal Ware, die wir zurückgegeben haben, weil der THC-Wert nicht stimmte. Und ja, wir hatten da so einen kleinen naturkundlichen pharmazeutischen Händler in Blankenese, den ich auch aus dem Freihafen kannte, der hat bis vor etwa zwei Jahren auch einmal eine Zeit lang testweise gekauft."
„Vielleicht kommen wir ja da der Sache näher: Sie recherchieren mal in ihren Akten diesen alten Kunden… Rückstellmuster aus der Zeit wird es ja wohl nicht mehr geben…Aber vielleicht finden wir irgendetwas. Und ich höre mich dann mit diesen Informationen bewaffnet noch einmal in meinen Ermittlerkreisen um. Vielleicht kommen wir ja damit weiter…"
Jörn Jensen verließ das Büro mit einem nach wie vor äußerst beunruhigten Gefühl. Seine Lage schmeckte ihm gar nicht. Am Ende unvorbereitet mit Fragen oder Fakten konfrontiert zu werden, die ihn schließlich nicht nur zum Zeugen, sondern dann zum Beschuldigten machen würden. Vielleicht war diese Vorladung ja nur eine Finte der Ermittler, um ihn aufs Glatteis zu locken. Ihm war alles andere als wohl bei diesem Gedanken. Jetzt wäre etwas gut, das ihn aufbaut.
Und in dem Zusammenhang fiel ihm rein intuitiv Helen ein. Er war ja nicht weit von ihrem Büro. Da fragte er so ganz unverfänglich, ob sie vielleicht noch Zeit hätte. Und ja, sie hatte. Und so kam er sehr bald auf seine Frage, die ihn umtrieb „Sag, was könnte man denn mit Hanfnüssen, wie ich sie so liefere Ungesetzliches tun?" „Oh Jörn, Schätzchen. Ja wusstest du nicht, dass viele von denen noch keimfähig sind? Die kann man aussäen. Sind nicht perfekt dafür, aber es geht." Eine Cannabis-Farm mit seiner Ware – auf die Idee wäre er nicht gekommen. Jetzt merkte er auch, aus welcher Ecke die unangenehmen Fragen seines Anwalts kamen. Hatte der auch diese Idee? Diese Vision war ungleich schwieriger. Hatte er vielleicht seinen damaligen Kunden auf eine viel zu naive Weise bedient? Er erinnert sich noch vage, dass er und seine Firma in diesen Anfängen mit Hanf noch eine äußerst geringe Ahnung von den Messungen in Sachen

Rauschwirkung hatten. Und seine gute Helen hatte bei solchen Dingen offenbar auch schon einigen Einblick. Auf jeden Fall würde er noch einmal ganz genau gucken, welche Spuren von diesen älteren Geschäften da wohl noch zu finden sein könnten. Wenn am Ende jemand auf die Idee käme, seine Firmenakten zu untersuchen....Jedenfalls war er im Moment nicht in der Stimmung noch zu privat mit Helen zu plaudern. So zog er dann einen geordneten Rückzug vor nach dem Motto: „Wie gesagt, ich war gerade nur in der Nähe. Wirklich ein sehr schönes Büro. Wir kämen damit freilich nicht klar, weil wir noch mehr Platz brauchten. Naja und dann die Verkehrsanbindung..." Ansonsten war es natürlich schon eine vorzeigbare Umgebung. Ein ganzer Stadtteil war inzwischen auf der Elbinsel Grasbrook hochgezogen worden. Langsam aber eben langsam füllte er sich mit Alltagsleben. Aber wie Hamburg so ist: alle, die etwas darauf halten, zu den Trendsettern zu gehören, sind dann dabei. Und so muss man mit einer solchen Innovation keine Angst haben. Außerdem kommen natürlich tagsüber viele Touristen, die da durchschlendern und die neue stets ein wenig von der nahen Wasserseite gekühlte Pracht bewundern möchten. Aber – wie schon bemerkt – Jörn hatte gerade keine Muße, sich darein zu vertiefen.

Rue Jacob
Aline hatte schon einige Zeit darauf gewartet, dass es nun endlich wieder einmal nach Paris ginge. Und als es dann wieder kurzfristig so weit war, gelang es ihr gerade noch, sich doch für ein Hotel in der Rue Jacob einzusetzen. Es hieß ja, dass es in dem benachbarten Boulevard Saint Germain und dem Anfang der Rue de Rennes von tollen Modeboutiquen nur so wimmele und dann diese legendären Show-time-Cafés, in denen früher die Intellektuellen sich trafen und heute eher eine paar Schöne und viele Touristen. Klang alles sehr attraktiv und wenn selbst Evita darüber sprach, na dann musste an dieser Gegend ja etwas sein.
Als René und Aline abends mit dem Taxi in der Stadt

ankamen, bestand Aline darauf, dass man sie am Place Saint Michel aussteigen ließ. Mit den Rollkoffern und ein paar kleinen Tragetaschen würden sie den restlichen Weg ja wohl auch so schaffen. Sie stellte es sich romantisch vor, mit René einmal – bevor der schon wieder mit seinen Geschäften verschwand – vielleicht an diesem beleuchteten Brunnen zu stehen, gegenüber noch einen Drink zu nehmen und dann gemütlich zum Hotel zu laufen. „Ist es nicht ein wundervoller Abend", begann sie gerade und griff unvorsichtiger Weise zu ihrem Koffer noch eine dieser Reisetaschen. Die war richtig schwer und wirkte, als hätte sie einen harten Inhalt, wie Steine. „Ups, haben wir etwa doch zu schwer zu tragen?" Für romantische Stimmungen schien René heute sowieso wenig übrig zu haben. Er beäugte misstrauisch die Umgebung und benahm sich, als hätte er Goldbarren in seinen Taschen. Kein Drink mit Blick auf den Place Saint Michel und den Brunnen. Man schleppt sich über die Rue Saint-André des Arts Richtung Rue Jacob. Und am nächsten Morgen wollte René früh aufbrechen. Er bestellte ein Taxi für acht Uhr. „Liebling, du kannst ausschlafen. Ich hol mir einen Kaffee und fahre erst mal los. Mal sehen, wie lange wir diesmal brauchen."

Und als Aline sich sorgfältig und gründlich für die Nacht abschminkte, bekam sie auf ihre Frage, wie lange sie denn diesmal in Paris zu tun hätten, nur die ausweichende Antwort, dass er es noch nicht wisse. Schließlich hatte sie für diesen Besuch erst einmal vorsorglich vier Tage Resturlaub eingeplant. Aber diese Besuche waren auch für einen wohlwollenden Begleiter etwas mysteriös. Schließlich pflegte René als Berufspilot von Kleinflugzeugen in der Vergangenheit immer klassische Auftragsarbeiten zu erledigen wie eine Art Chauffeur. Der Kunde orderte einen Flug, mit oder ohne eigener Maschine und je nach Art des Auftrags konnte sehr oft Aline ihn einfach begleiten. Aber bei Paris war alles anders. Waren da die komischen schweren Reisetaschen die Kunden, die René immer als Pilotengepäck mit sich hatte? Sah ein wenig nach Schmuggel aus, und so kleine Schummeleien waren unter Piloten durchaus gang und gäbe. Hoffentlich war das Ganze nicht kriminell! Das war ein Gedanke, der Aline jetzt verhältnismäßig spät kam. Darüber müsste sie doch einmal zu Hause mit René in Ruhe reden. Jetzt waren sie viel zu kaputt dafür. Sie kuschelte sich an ihn „schlaf gut, Liebling"

Als Aline erwachte, lag sie allein in diesem Hotelbett. Wo war sie noch gleich? Die Nacht war grässlich gewesen. So ein Albtraum. Irgendwelche Banditen hatten René zusammengeschlagen und ihn seiner schweren Taschen beraubt. Hatte sie das wirklich nur geträumt, oder was? Wahrscheinlich gehörte ihm ja der Inhalt der Taschen gar nicht und er hatte nur darauf aufzupassen. Gehörte das am Ende diesen Geschäftspartnern, die sie im Le Procope gesehen hatte? Vielleicht wäre es einfach besser gewesen, René doch ein paar Fragen zu stellen als alles immer nur hinzunehmen? Jetzt konnte sie sowieso nichts mehr tun. Da fiel ihr ein, dass sie doch noch diese Visitenkarte von dem Doktor hatte. Vielleicht könnte der sie ja ablenken. Sie wählte kurzerhand die Nummer und hatte ihn am Apparat. „Ich bin noch nicht im Büro". „Na wunderbar, da wollte ich sie auch gar nicht besuchen..."
"Wo sind Sie denn?" „Wie bitte, in der Rue Jacob? Dann treffen wir uns doch einfach im Deux Magots." „Wie finde ich das?" „Einfach die Rue Jacob nach links weitergehen, bis Sie an die Rue Bonaparte kommen. Da biegen sie links ein und sehen links schon eine ziemlich alte Kirche und rechts kommt ein Louis-Vuitton-Outlet und direkt dahinter das Deux Magots. Da treffen wir uns." Aline hatte ganz vergessen, dass sie noch gar nicht fertig war, nicht frisch gewaschen, keine Haare gestylt, keine Schminke. Das könnte dauern. Und dann noch entscheiden, was man final anzieht: Eher in schwarz oder doch grau? Sie entschied sich nach einigem Probieren für anthrazit. Ein guter Kompromiss. „Oh Gott, die grünen Fingernägel passen ja gar nicht dazu. Aber das können wir jetzt auch nicht mehr ändern." „Jetzt noch den Lippenstift und das muss heute reichen." Sie machte sich auf

den Weg. Wie war das gleich noch „Rue Bonaparte, da ist sie
ja, ein Hotel Bonaparte, links dahinter ja schon die Kirche."
Sie hielt vor dem Schaufenster von Louis Vuitton. Alles wie
beschrieben.

Boulevard Saint Germain
Sie betrat das Café: Kein Doktor, stattdessen diese
hölzernen Figuren, wohl die beiden Magots. War der Doktor
schon da? Schließlich entdeckte sie ihn in einem der
Vorbauten. Er kam auf sie zu. Französische Begrüßung mit
Bisous.
„Sie sind länger hier?" „Mal sehen, das ergibt sich" „Und Sie,
habe ich jetzt ihren Zeitplan zu sehr durcheinander gebracht.
War so eine ganz spontane Idee…" „Alles gut. Jemand wie
ich kann sich GottseiDank manches frei einteilen. Mögen Sie
Kaffee oder diese sehr bittere Ur-Schokolade, die sie hier
servieren. Oder beides – nacheinander natürlich." Aline
entschied sich für einen Kaffee und ein Croissant und war
nun erst einmal damit beschäftigt sich so zu arrangieren,
dass sie dabei auch eine gute Figur machte. „Sie sind öfters
hier?" hielt sie die Konversation am Laufen. „Nun, ab und zu.
Wenn man so lange in Paris ist, eher dann und wann,
besonders gerne natürlich mit einer so netten Begleitung wie
sie. Aber es ist in jedem Fall ein sehr schöner Platz. Sehen
und gesehen werden. Aber nicht nur das." „Die Kirche, da
gegenüber, ist wohl schon sehr alt", gab Aline ohne es zu
wissen die passende Vorlage. „Der Platz ist auf jeden Fall
sehr alt, da war die Kirche des Pariser Bischofs Germain im
sechsten Jahrhundert nach Christus. Der liegt auch dort
begraben samt seinem König. Die heutige Kirche wurde erst
weitere sechshundert Jahre später begonnen. Trotzdem
noch alt genug. Ich gehe manchmal dorthin, wenn ich mich
irgendwie sortieren muss. Ein Ort, der Ruhe und Klarheit gibt.
Aber was rede ich?" „Nein keine Entschuldigung, den
müssen sie mir nachher zeigen." Aline musste an ihren
Albtraum, die Ängste und morgendlichen Schrecken denken.
Würde ein Kirchenmann wie dieser Saint Germain dafür

Verständnis haben? Nach dem war hier ja fast alles benannt. „Aber das ist hier nicht die einzige Geschichte: Nebenan im Café Flore trafen sich Berühmtheiten wie Simone de Beauvoir, Jean-Paul Sartre, Künstler wie Giacometti oder Picasso. In diesem Viertel lebte die Kultur und dann den Boulevard weiter hinunter kommt immer mehr die Universität und die Wissenschaft."
Aline konnte solchen Schilderungen lange zuhören. Diese angenehme Stimme und kundige Art der Erklärung. Sie liebte das. Das Frühstück genoss sie, auch wenn sie wusste, dass Croissants in Sachen Kalorien eine Sünde sind. „Erst gehen wir in die Kirche, und später muss ich dann noch einmal bei Louis Vuitton hineinschauen…" „Dann vergessen sie ein anderes Mal aber die neue Stiftung Louis Vuitton im Bois de Boulogne nicht. Das ist erstens ein imposantes Bauwerk, ein Glasschiff, eine sehr interessante Konstruktion und zweitens noch ein mindestens ebenso gutes Museum für zeitgenössische Kunst mit wechselnden Ausstellungen. Es lohnt sich."

Wenn man in die Kirche eintritt sorgt schon allein die Dunkelheit des Innenraums dafür, dass man still wird und der Alltag von einem abfällt. Durch die Kirchenfenster im Altarraum wird der Blick auf sie konzentriert. Aline suchte intuitiv die Hand des Doktors als ob sie Beistand suche. Im Angesicht dieser langen Geschichte und der Tradition dieses Ortes musste man unwillkürlich an die Wahrheiten des eigenen Lebens denken. So ein Frühstück ließ einen darüber nachdenken, ob die Beziehung zu René eigentlich einfach nur bequem und nützlich sei. Mit leisen Schritten gingen sie durch das Kirchenschiff, vorbei an den uralten Grabplatten… „Und was bleibt von uns einmal?" die Frage drängt sich an diesem Ort auf. Der Doktor ließ sich von der Situation treiben. Das Licht der Stadt hatte sie wieder. „Es ist schön mit ihnen, ich würde mich freuen, wenn es nicht das letzte Frühstück war." „Mal sehen" erwiderte Aline und man spürte, dass sie nicht abgeneigt war.
Es wäre ebenso spannend wie unbarmherzig gewesen, die

beiden hätten in diesem Moment die Gedanken des jeweils anderen lesen können. Aline, die sich längst an den unbestimmten Beziehungsstatus mit René gewöhnt hatte, spürte einmal wieder den impulsiven Reiz des anderen, einer ihrem eigenen Leben eher fremden Existenz, deren Anziehung sie zuließ. Und der Doktor war mit seinen Gedanken bei der ungeklärt-unerfüllten Beziehung zu Fayola, auf deren Lebenszeichen er schon wieder einige Zeit gewartet hatte.

Eppendorfer Landstraße

Wenn Jörn Jensen mal wieder zu seinem Steuerberater fährt, dann fällt ihm sofort ein, warum er selbst nicht in Eppendorf leben möchte. Ein Quartier mit hoher Lebensqualität, schönen Geschäften und Kneipen zwischen dem Eppendorfer Baum und dem Eppendorfer Markt. Wenn man erst einmal dort ist, sind die Wege kurz und für den ersten Besucher sind die tollen Jahrhundertwendefassaden der Stadthäuser der Isestraße ein Traum. Aber parken? Und heute ist auch noch Wochenmarkt in der Isestraße, d.h. Stände und vollgestellte Parkplätze unterhalb der hier auf Stelzen verlaufenden U-Bahnlinie U3, die entgegen ihrem Namen zwischen Stadthausbrücke, Hafen und Eppendorf und dann über die Alster die schönsten Ausblicke bietet. Und der Wochenmarkt in der Isestraße ist legendär: Regionale Produkte in bester Qualität, tolle Stände und genau richtig für das etwas anspruchsvollere Publikum des Viertels. Wer hier lebt, hat es geschafft. Aber Jörn Jensen muss erst einmal den freien und noch halbwegs legalen Parkplatz schaffen für den Weg zum Steuerberater. Schließlich findet er noch ein kleines Eck in der Goernestraße und macht sich auf den Weg.

„Das war in diesem Jahr mal wieder eine komische Steuerprüfung. Da achtete zur Abwechslung mal niemand auf die typischen Themen wie Spesen oder kleine verdeckte Privatentnahmen, sondern es ging in der Hauptsache um den Warenbestand, um verkaufte Ware etc...." „In der Tat komisch, lieber Herr Jensen, denn bei meinen anderen Kunden war die Tendenz genau anders. Ich hatte den Eindruck, die haben es gerade auf die Ausgaben in den üblichen Spesenlokalen abgesehen: Wer am Süllberg, beim Landhaus Scherrer oder auch nur im Fischereihafen zu viel und oft sein Geld ließ, wurde sofort auf irgendwelche Abzüge geprüft." „Mit anderen Worten: Unsere Firma ist ein Sonderfall – die suchen wirklich etwas ganz Anderes. Aber was könnte ich jetzt noch tun?" „Ich befürchte, mein lieber Jensen, auch wenn es uns beiden nicht schmeckt, gar nichts. Denn ich nehme ja nicht an, dass jemand wie sie wegen einer Unregelmäßigkeit jetzt in die Lage käme, aus irgendeinem Grund eine vorsorgliche Selbstanzeige zu machen." Jörn Jensen wurde sichtlich bleich. An so etwas hatte er nun entfernt nicht gedacht. „oh nein, wiegelte der immer übervorsichtige Steuerberater ab. Das war nicht entfernt meine Idee. Wer nichts zu befürchten hat, so wie sie, der kann jetzt nur abwarten." Sollte er jetzt noch über die Vorladung als Zeuge in der nächsten Woche sprechen. Jörn Jensen verzichtete lieber darauf. Das war mehr Sache für seinen Anwalt. „Ja dann sind wir also mal wieder mit den drei rückwirkend geprüften Jahren fertig und warten vielleicht noch auf einen Nachtrag zu dem vorläufigen Bericht." „So ist es." Und dafür hatte er jetzt den Stress der Parkplatzsuche gehabt, und er würde dann noch den Stundensatz für den Termin auf der Rechnung haben. Am besten, man versucht sich nicht auch noch über Unwichtiges aufzuregen.

Stresemannstraße
Die Besonderheit dieser stark befahrenen Durchgangsstraße, die auf dem geheimen Querweg zwischen den beiden Hamburg tangierenden Autobahnen A1 und A7 liegt, ist, dass sie viel befahren ist, dass dort schon viele Kinder als Fußgänger oder Radfahrer bei Unfällen Schlimmes erlitten, und dass die Straße inzwischen für ältere Dieselfahrzeuge gesperrt ist. Wollte man etwas Positives erwähnen, so ist man etlichen an Punkten der Straße auf kurzem Weg in sehr

schön hergerichteten alten Industriequartieren der früheren Zeit, etwa in der Gasstrasse oder am Phoenixhof. Die Straße selbst wirkt nicht anheimelnd, zumal dann auch noch das große Polizeirevier einen ziemlich prominenten Platz einnimmt. Führe man noch ein Stück weiter in die Stadt, fände man links die Neue Flora, einen Musical-Palast, und rechts die Holsten-Brauerei, die heute zum dänischen Bierbrauer Carlsberg gehört. Und irgendwo davor müsste man dann links einbiegen um 202x den neuen Altonaer Bahnhof zu finden, der dann kaum noch in Altona läge. Aber jetzt ging es zur Polizei. Jensen hatte noch vorher mit seinem Anwalt telefoniert und überlegt, ob man besser vorsorglich die Aussage hätte verweigern sollen. „Aber dann würden wir nie erfahren, worum es geht. Wenn sie als Zeuge befragt werden, dann wissen wir vermutlich eher, warum das alles veranstaltet wird. Sie sind doch ein Mann, sie machen das. Und die Ungewissheit ist auch auf die Dauer nicht schön." Leider wahr und deshalb ging an diesem etwas Unwohlsein bereitenden Termin auch kein Weg vorbei. Nach den behördenüblichen Präliminarien kam man zur Sache: Ob er oder seine Firma in den vergangenen Jahren eine Handelsbeziehung mit einem kleinen Gartenbaubetrieb am Rande von Lurup gehabt hätte. „Nach Gefühl und Erinnerung würde ich glatt sagen ‚nein‘, aber es wäre vielleicht sicherer, wir machten eine Rückfrage an die Buchhaltung." „Ja, dann tun sie das." Die Buchhaltung überprüfte den Fall und konnte Jensens Erinnerung bestätigen: in den letzten vier zurückliegenden Jahren keinerlei Warenbeziehung. Man faxte das Ergebnis der Dienststelle dann gleich auch noch einmal für die Akten durch. „Schade", sagte Jensen erleichtert, „jetzt konnte ich ihnen also gar nicht weiterhelfen." „Nun ja, in so einem schweren Fall in Sachen Arzneimittel und Rauschmittel muss man jeder Spur nachgehen. Jedenfalls vielen Dank, dass sie gekommen sind." Und so endete dieser Termin viel harmloser als er befürchtet hatte. Aber der Hinweis dieses Ermittlers macht ihn doch stutzig. Es ging vermutlich doch um Cannabis. Und da gab es immer noch diesen windigen

einstigen Kunden, dem er das durchaus zugetraut hätte.
Aber warum sollte er jetzt dazu etwas sagen? Es würde
höchste Zeit, sich jetzt um die eigene Arbeit zu kümmern.

Pickhuben
Beinahe hätte er es ja vergessen: in der nächsten Woche
stand auch noch ein Audit an, und daher schaute er sich mit
den beiden Mitarbeiterinnen der Qualitätssicherung den
Zustand der Dokumentationen, die Ordnung bei den
Rückstellmustern und den Zustand des Lagers an. Bei
genauem Hinsehen gab es da einiges zu verbessern. Auf die
Dauer wäre da professionelle Unterstützung gut.
Und der nächste Kurs fand sich schnell. Er sollte in einem
Hotel gegenüber vom Michel Richtung Großneumarkt
stattfinden. Also gar nicht so weit entfernt. Das würde zwar
nicht für das nahe Audit die Arbeit erleichtern, aber für die
Zukunft, um die Abteilungsleiter für alle künftigen Gefahren,
Änderungen und Neuerungen zu sensibilisieren. Schließlich
hat sich das Importgeschäft in den letzten Jahrzehnten
schwer verändert: immer genauere Analysen der
Warenproben durch die Labore, immer engere Grenzwerte
für Schadstoffe und vor allem immer mehr ungewohnte
Rohstoffe und fast jedes Jahr neue Quellen für deren
Herkunft.

Dieser Rundumschlag führte Jörn Jensen vor Augen, dass er
sich eigentlich viel mehr noch um neue interessante
Rohstoffe und deren Herkunft kümmern sollte. Er wusste,
dass die meisten seiner Kollegen anders dachten: Immer nur
etwas ordern, wenn auch ein Kunde danach fragt. Aber wie
soll man dann schnell an Ware kommen, wenn man weder
Quellen, noch übliche Preise noch sonst etwas dazu kennt?
Da müsste man etwas tun. Sich gründlich auf einer Messe
umsehen. Aber mit sachkundiger Unterstützung – wie Helen.
Die nächste Messe dieser Art fand auch noch in Paris statt.
Teuer, aber nicht schlecht. Also fragte er Helen, ob das

vielleicht ein erstes gemeinsames Projekt sein könne. Sie war einverstanden. „Gut, dass du dir jetzt ein Ziel setzt. Aber wir müssen uns vorher umso dringender in einem Trockenschwimmkurs damit beschäftigen, was wir auf dieser Messe schwerpunktmäßig suchen wollen, und welche der Aussteller wir vorher treffen wollen." Das klang nach Arbeit, aber sie hatte recht. Da tröstete nur die Aussicht, dass es dadurch dann ein paar Tage in Paris geben würde.

Die Messe sollte in Villepinte stattfinden. Da wusste er schon von seinem Kollegen, dem Doktor, dass man da nicht unbedingt während einer Messe nächtigen sollte. Da wäre nichts los, nur Hotelrestaurants und ansonsten ein Niemandsland. Man ergatterte noch zwei Zimmer im Hotel du Temps in der Rue de Montholon unweit des Gare du Nord und man orderte die Eintrittskarten. Jetzt sollte man sich nur noch mit den neuen Zutaten etwas vertrauter machen. Immerhin mit dem Entschluss, zur Messe zu fahren, war der erste Schritt getan.

Rue de Rivoli

Aline hatte es mit der Erkundung des Marais nicht wirklich weit gebracht. Sie blieb gegenüber dem Hôtel de Ville im Kaufhaus hängen. Hier gab es eine interessante Auswahl und nicht ganz so das Gedränge wie an Grands Boulevards. Also fing sie die Muße, gleich mehrere Abteilungen des Hauses gründlich zu beäugen. Die sprichwörtlich anspruchsvolle Wäsche, auch wenn sie selbst eher die Unfarbe nude bevorzugte. Ein paar schlichte Seidenblusen hatten es ihr angetan. Die wollten ausführlich probiert werden. Ein sehr schöner leichter Schal, nicht Hermes, aber auch sehr stilvoll. Sie schaute sich im Spiegel an und sie gefiel sich, obwohl sie mit den meisten Fotos, die insbesondere Männer von ihr gemacht hatten, nicht glücklich war. Die Figur war perfekt. Ja, der Busen hätte etwas größer sein können. Aber daran hatte sie sich gewöhnt. Für sie war es wichtig, auf sich zu achten. Das fand sie auch an René gut. Aber was noch? Je länger sie danach suchte, desto weniger fand sie… Aber sie fand auch nichts, dass akut gegen ihn sprach. Er bot ein paar nette Zutaten wie Flüge und Ideen. Von sich aus wäre sie vermutlich nicht nach Paris geflogen. Die Stadt gefiel ihr inzwischen. Am späteren Nachmittag fiel ihr auf, dass sie überhaupt nichts von René gehört hatte. Der könnte ja bald einmal fertig sein mit seinen Sachen. War er aber nicht.

Îsle de Saint Louis – Îsle de la Cité

Auf dem Stadtplan sah Aline, dass man wunderbar über die Îsle Saint Louis und dann über die îsle de la Cité zu Fuß nach Saint Germain käme und sie entschied, dass das ein schöner Spaziergang sein könne. Auch hier waren also die historischen Wurzeln und ja, die Îsle Saint Louis, die sah auch heute noch ein wenig danach aus, auch wenn ihre Aufmachung sicherlich schon reichlich touristisch geprägt ist. Die Îsle de la Cité hat bereits mit der Kathedrale Notre-Dame ihr historisches Wahrzeichen. In der Saint Chapelle, ein paar Straßen weiter liegt die wohl bedeutendste Reliquie, die Dornenkrone Christi in einem Bauwerk aus dem beginnenden 12. Jahrhundert. Letzteres nahm Aline freilich nicht zur Kenntnis, weil es ihr niemand vermittelte und vielleicht auch, weil es sie nicht wirklich interessierte.

An der Seine erstreckten sich die hölzernen Verkaufsstände der Bookinisten, die wie ein Sekretär zum Verkauf geöffnet werden, und die in der Regel ältere Buchausgaben und Drucke anbieten. Früher galt so ein Stand als eine Art Goldgrube, so wie etwa ein Kiosk in einer deutschen Großstadt. Inzwischen bemerkt man deutlich, dass das Interesse an diesem Angebot abgenommen hat. Aber das Flair dieser die Seine säumenden Stände ist noch immer besonders.

Über die Pont St. Michel war Aline bereits wieder in Saint Germain. Immer noch keine Nachricht von René. Da sie keine von akutem Diebstahl bedrohten Einkäufe bei sich hatte, holte sie jetzt den ersehnten Stopp mit Blick auf den Brunnen nach. Die Abendsonne lugte noch ein wenig über die Dächer der Stadt und tauchte die Dächer der voraus liegenden Insel in ein fast goldenes Licht.

René meldete sich erst sehr spät, als Aline schon längst im Hotel war. Aline möge sich nicht erschrecken. Er sei unterwegs gestürzt, aber nicht schlimm und der sei jetzt fertig und morgen ginge es wieder zurück.

`Rue Jacob`

René erschien ohne die Taschen, ein Augenlid geschwollen und an beiden Händen verschrammt. „Oh Gott, was ist passiert. Ich hole erst einmal Verbandsstoff und etwas zum Kühlen." Wäre man René so auf der Straße begegnet, man hätte gedacht, er hätte sich geprügelt. Ein Verbandskasten und eine gute Menge Eiswürfel aus der Bar halfen bei der Erstversorgung. Das meiste war in der Tat nur äußerlich. René brummelte etwas von einer Treppe, die er beim Laufen falsch genommen hätte und verlangte ganz entgegen aller sonstigen Gewohnheiten nach einem Whisky, der sich ebenfalls leicht in der Bar beschaffen ließ. Und nachdem Aline ihn auf diese Weise umfassend versorgt hatte, schlief er friedlich atmend ein. Der Tag musste wohl ziemlich anstrengend gewesen sein. Und offenkundig stand auch keine weitere Begegnung mit Geschäftsfreunden auf dem Programm. Hoffentlich würde er dann morgen wieder fit sein. Liebevoll pflegte Aline seine Schwellungen. Morgen früh würde René schon fast wieder normal aussehen. Und wenn nicht ganz. Dazu gab es in Alines Koffer genügend Cremes und Puder, um dann noch nachzuhelfen. Trotzdem: alles eher ungewöhnlich.

Aline lag noch lange wach. René schlief, aber ebenfalls unruhig. „Die sind echt", sprach er im Schlaf „kein Betrug". Klang nach einer kontroversen Diskussion im Traum, bis auch Aline hinwegdämmerte.

Paris zu Fuß

Vom Palais Royal über die Börse zur Opéra Garnier

Nehmen sie sich dadurch ruhig eineinhalb Stunden Zeit.
Von der Rue Saint Honoré nimmt man gleich den
Durchgang zum Jardin du Parc Royal. Bei sonnigem Wetter
immer eine Idee, auch im Winter. Den Park verlässt man
an der anderen Seite über die Passage du Perron, man
geht bis in die Rue des Petits Champs, dort biegt man
rechts ab und gelangt von dort später links abbiegend in
die Galerie Vivienne.
Von dort gehen Sie über die Rue Vivienne auf die Börse zu.
Einfach in sich ein repräsentatives Bauwerk.
Über die Rue des Filles Saint-Thomas und die Rue Saint
Augustin geht es weiter zu einem weiteren Highlight:
Die Opéra Garnier, bei der bei nur etwas Sonnenschein
die Vergoldung weithin leuchtet.
Die 1875 eröffnete Oper wurde aufwändig restauriert und
in den heutigen Zustand versetzt. Sie ist nach ihrem
Architekten Garnier benannt.
Links hinter der Oper findet man die bekannten großen
Kaufhäuser der Stadt, das Flaggschiff der Galéries
Lafayette und Printemps.
Wieviel Zeit sie in diesen Häusern verbringen möchten...
Ein Blick in das Innere, etwa die Kuppel der Galéries
Lafayette von Innen oder ein Besuch auf dem Dach lohnen
auf sich jeden Fall. Und dass die beiden Häuser sich vor
allem in der Vorweihnachtszeit in ein magisches Paris von
Weihnachtsträumen verwandeln, können sie sich
ausmalen.

Rue du Faubourg Saint Denis

Wer diese Gegend nicht kennt, der glaubt, er habe sich verlaufen. Den Beginn der Straße markiert ein zum Triumphbogen mutiertes Bauwerk auf dem Platz früherer Stadttore, das jetzige aus dem achtzehnten Jahrhundert, der am Ort der alten Befestigungen errichtet wurde. Das Viertel ist heute belebt und sehr nordafrikanisch geprägt, von den Geschäften, den Menschen, von allem. Und dann tritt man rechter Hand in das Jugendstil-Etablissement „Julien". Als der Doktor das allererste Mal hier aus dem Taxi entstieg und in das dunkle Gewühl der Straße entlassen wurde, glaubte er,
er hätte sich in der Straße geirrt. Das aber ist nicht wahr. Man tritt in einen Jugendstiltempel, dessen Küche man nach Jahren nicht mehr für so spektakulär hält wie die Jugendstilgestaltung des Innenraums. Es geht um die Frauen, gleich vier an der Zahl, hier die vier Jahreszeiten im Stil der Art Nouveau und der Doktor fragte sich, ob vier Frauen denn wohl ausreichen. Jedes Mal, wenn er hier zum Essen verabredet ist, verschwimmen die Zeiten. Julien ist Jugendstil pur. Für später an heißen Sommertragen gab es in der Nähe den Cour des petits Écuries als Hotspot für Jüngere. Im Julien herrscht Stil und das macht, dass man die Zeit vergisst: Amélie, Cathérine, Julie.. Die Frauen spielen hier die Hauptrolle wie im Leben des Doktors. Er konnte und wollte sich ihren Reizen nie entziehen. Und die Konsequenz... das Leben war stets kompliziert. Wann kommen die Avancen einer Frau schon einmal im richtigen Moment? Sie kommen immer dann, wenn sie garantiert Turbulenzen auslösen. Oft hatte der Doktor versucht, die Komplikation zu stoppen, sich von einem möglichen Reiz zurückzuziehen. Es gelang nicht wirklich. Sein Traum war schon eine feste Beziehung gewesen, aber dafür musste es eben auch die richtige Frau sein. Was ihn halten würde? Viel Esprit, Witz, Humor und gepaart mit einer Art von körperlichen Reizen. Ja, es gab da eine Typ Frau, auf den es bei ihm zulief: eher dunkle Haare, eher schlank und ganz

wichtig: irgendwie sprechende Augen. Sicher, wenn er merkte, dass eine Frau eigentlich nur versorgt werden wollte und zu diesem Zweck vielleicht auch noch Kinder in Kauf genommen hätte, dann war das nicht sein Fall. Und wenn man erst einmal in einer Beziehung anfing zu lieben, dann musste man eben sehr genau beobachten, in welche Richtung die Dynamik solcher Zweisamkeit driftet. Gelegentlich kommen dann Dinge heraus, an die man am Anfang niemals geglaubt hätte. Das Muster solcher Beziehungskurven konnte nervend ähnlich sein: Am Beginn Euphorie, Zärtlichkeit und Romantik und nach einiger Zeit kam ein Alltag heraus mit alten Prägungen, verdeckten Erwartungen und Wünschen, das Leben eben doch in eine andere gewünschte Form zu biegen als man so dachte. Nur die pure Emotion überdeckte solche Erfahrungen, oh ja, und wie oft war der Doktor viel zu lange dem verfallen. Schon allein die Tatsache, dass er mehrfach in ehrlicher Absicht geheiratet hatte und genauso ehrlich am Ende gescheitert war, deutete das überdeutlich an. Einer seiner Anwälte nannte das einmal in platter Übertreibung „Triebtäter", aber der hatte eben den Trieb woanders zu betrügen. Was ist besser? Und vor allem, was füllt das Leben? Dieser Wunsch, der brachte den Doktor immer wieder in solche Situationen. Aber Beziehungen hängen nun einmal immer mindestens von zwei Menschen ab, und die kann man eben nicht so simpel wie einen Einkauf oder eine Investition planen und durchführen. Und wer dann auch noch – wie der Doktor – mit einigem Gespür für andere Menschen geplagt ist, dem will es einfach nicht gelingen, sein Beziehungsleben nach Plan und Berechnung zu organisieren. Mag er sich damit trösten, dass diese Art vielleicht die ehrlichere ist. Und dann tritt am Ende das ein, was der Doktor in den Jahren bei Julien erlebt: irgendwann wird das, was einen einst unmittelbar anzog, fad und man weiß eigentlich kaum noch, was eine derartige Begeisterung auslösen konnte. Gäbe es ein Mittel dagegen? Ist das Grund, warum manche Menschen immer wieder die Gegenwart feiern und erneuern wollen? Irgendwann einmal wird man weiser. Der gut gemeinte Rat vieler Psychologen, dass man doch besser an seiner Beziehung arbeiten solle, der muss eigentlich schon sehr früh greifen, auch wenn er dann manchmal die Romantik tangiert. Es muss sein. Aber dafür muss man eben die Richtige finden. Es gibt so viele Missverständnisse, so viele Fehleinschätzungen… Selbst wenn Menschen die gleiche Sprache sprechen, heißt es noch lange nicht, dass sie einander verstehen. Dem Doktor war dies besonders bewusst, wenn er seine Empfindungen auf Französisch auszudrücken versuchte, welches ihm zwar geläufig, aber eben nicht die Muttersprache war.

„Tut mir leid, dass ich mich verspätet habe. Sie wissen ja, der Verkehr in Paris…" Die Ankunft seines Kunden riss den Doktor aus Träumen und Gedanken, die der wohl bekannte Ort bei ihm hochkommen ließ. „Das macht nichts. Dieser Ort mit seinen Decken, der Gestaltung der Wände und der vier Jahreszeiten, der gibt einem genug Unterhaltung. Sie kennen die Motive?" Sein Gesprächspartner verneint und gab so dem Doktor noch einmal die Gelegenheit, auf die außergewöhnliche Art-Nouveaux-Gestaltung zu sprechen zu kommen. Das half, um sich danach wieder etwas zu konzentrieren, denn so einfach konnte man schließlich den Modus nicht wechseln.

Und die größte Gabe des Doktors im Geschäft war es, Menschen zusammenzubringen und wechselseitige Kooperationen anzubahnen.

Blankeneser Landstraße
Blankenese hat – sofern gerade keine größeren Bauarbeiten im Ortskern angesagt sind – so ein wenig das Flair eines norddeutschen Badeortes. Die Fassade des hübschen Bahnhofs, der heute mit der S-Bahn Wedel und Blankenese mit dem Rest der Stadt verbindet, ebenso die manche der niederen Häuschen gegenüber dem Goßlers Park tragen zu diesem Eindruck nicht unwesentlich bei. Auch hier immer wieder Veränderung. Das hübsche Rahmengeschäft mit Galerie von Wessel fand keine Fortführung. Lühmanns

Teestube ist noch so ein positives Relikt. Hier führen die Eheleute Lühmann als Großeltern und die guten Geister Regie. Ehrliche Angebote und lokales Flair. Immer wieder haben sie auch Fremdenzimmer in ihrem Bereich oberhalb der Gaststube vermittelt, für eine bekannte Hamburger Frauenzeitschrift als Geheimtipp gehandelt. Das Restaurant an der Ecke gegenüber wechselte dagegen eben schon die Pächter, aber hier gab es ein tolles norddeutsches Teestubenangebot. Und ganz in der Nähe wohnt Helens Freundin Mia, die in ihrer verwinkelten Altbauwohnung mehr als eine Singleküche hat. Und hierhin flieht Helen manchmal, wenn sie kniffige Rezepte testen und probieren will und sich dabei ein wenig moralische Unterstützung erhofft. So auch heute. Ein paar Zitronengras-Cocos-Mixturen mit Quinoa, eher Normalität. Aber dann diese Mixturen mit Moringa, Maccha und Früchten. Die haben es in sich. Mia hat normalerweise die Eigenschaft, einfach dazusitzen, zu gucken und später zuzuhören. Nachdem ihr Helen heute den Aufbau und die Fragen erklärt hat und gerade beginnt, die mitgebrachten Zutaten aufzubauen, schlägt Mia vor, doch erst einmal einen Tee zu machen. „Warum machst du das jetzt? Ist es wegen diesem Jörn?" „Nun ja, der importiert viele dieser Pülverchen aus dem Ursprung, aber ich schätze, dass viele seiner Kunden gar nicht wissen, was sie damit noch machen können. Und da probiere ich das mal aus…"
„Interessant", gab Mia zurück, „und heißt das, dass du glaubst, dieser Jörn täte dir jetzt besser als früher?" Das war Mia. Sie hatte den Sinn für die bohrenden Fragen.
„Du willst wieder Sachen wissen… hm… eigentlich ist der ziemlich in Ordnung, aber ich weiß, das reicht nicht als Antwort. Früher fand ich das einfach schick, dass der in der Welt herumdüsen darf, auch mal Afrika, Südamerika, fand ich einfach cool und cool die Aussicht, da dann mal mitzukommen." „Das war einmal. Und heute?" „Um ehrlich zu sagen, ich weiß es noch nicht. Aber ich sehe eine Chance, uns jetzt vielleicht gleichberechtigt zu begegnen. Du weißt, ich hab das mit den Kerlen in der letzten Zeit mehr als schleifen lassen. Aber so ganz so schlecht ist das ja nun

auch nicht. Sind manchmal durchaus zu was nütze. Aber jetzt könnte ich ihn vielleicht auch ein Stück vorwärtsbringen, und das wär ja auch nicht verkehrt." „Und du glaubst, der will das auch?..." „Man könnte den Eindruck bekommen. Der fragt mich heute in einer Art, wie er das früher nie hinbrachte." „Also mit anderen Worten, du bist optimistisch. Aber bist du dir auch sicher, dass du ihn sonst für dich einnehmen kannst? Ich meine, jemand wie Du will auch nicht nur den Kopf und das Portemonnaie von nem Kerl..." „Warten wir´s ab..."

Immerhin schien Mia jetzt Helen nicht total durchgeknallt zu halten. Das beruhigte auch Helen und so machten sie sich umso akribischer an die Rezepte, notierten Mengen und Gewichte und fanden am Ende, dass sie auf ein paar richtig leckere Ideen gekommen waren.

Krausestraße

In diese Gegend zwischen Dulsberg und Wandsbek kam man nur selten. Jörn Jensen hatte von seinem Bekannten aus der Krausestraße gehört, dass es gleich um Ecke bei Fisch Loop tollen und ausgesprochen köstlichen Bratfisch zu sehr fairen Preisen gäbe. Aber deshalb fährt man wohl kaum aus den Elbvororten in diese Gegend. Aber dieser Bekannte von Jörn Jensen, dieser Tüftler, der war den Weg wert. Ihm hatte Jensen einen Anteil der nicht benötigten Rückstellmuster bereits vor vierzehn Tagen zugestellt und er war gespannt, was dieser Mensch nach der Arbeit im Labor ihm dazu zu berichten wusste.

„Ja, spannend, was du da so in deinem Lagerschuppen alles hast", begrüßte ihn der. „Wo sollte gleich noch der Hanf herkommen, den du da so bis vor zwei Jahren gehandelt hast?" „Ich meine, der war aus China und aus dem Grund habe ich ja auch dann den Lieferanten getauscht, weil meine Kunden immer mehr solche Herkunft nicht mehr mögen." „So, so aus China... Ich hab da einen Bekannten, der wollte unbedingt einmal so eine Anti-Fraud-Analyse testen und dem hab ich diese Probe dafür auch gegeben." „Und was testet man mit so einer Analyse?" „Ja zum Beispiel, ob eine Ware auch dort herkommt, wo sie angeblich herkommen soll. Das wird heute immer wichtiger, weil ja so manche Herkunft auch ein Qualitätsmerkmal ist. Und wenn man dann die billigere Herkunft aus Land X für die bessere Herkunft aus Land Y ausgibt, dann kommt das eben durch diesen Test heraus." „Ja und??? Was sagt der?" „Nun, der meint, dass dieses China doch eher in Schleswig-Holstein lag." „Komisch, das wäre dann ja das Umgekehrte, also eine hochwertigere Ware als schlechter ausgegeben..." „Nicht ganz" „Warum??" „Weil nun ich wiederum bei meinen bescheidenen Nachmessungen herausgefunden habe, dass diese Probe ein veritables Rauschmittel Hanf enthielt, also Hanf mit einem hohen THC-Wert, den man auf gar keinen Fall als Lebensmittel hätte ausgeben sollen." Au Weia, das war Jörn Jensen ja noch nie untergekommen. Aber wie sollte man so etwas erklären. Hier war mal wieder die berühmte Rohwarenkriminalistik gefragt. Für alle solche Vorgänge gab es bestimmt irgendeine Erklärung, die in der Logik des Handels lag. Also zum Beispiel: Sein Lieferant hatte zum Zeitpunkt der Bestellung nicht die richtige Ware am Lager und ersetzte dann eben alles oder Teile durch ein wenig andere Ware. Das waren so die normalen Erklärungsmuster in seiner Branche. Und eins ist allerdings auch klar, da in seinem Betrieb dieser Vorgang nicht aufgefallen war, da hatte einer eine Messung entweder nicht gemacht, oder das Ergebnis unterdrückt, oder, oder, oder. Details, die man nach über zwei Jahren kaum noch rekonstruieren kann. Gut zu wissen, dass so etwas geschehen war, denn schließlich konnte sich derlei ja im Grunde auch immer wieder wiederholen.

„Nicht lustig", fasste Jörn Jensen zusammen, „macht mich nicht gerade beruhigter für meine Firma. Aber gut, dass ich es weiß. Wir werden das Ganze erst einmal nicht offiziell und im Detail dokumentieren. Aber es war mehr als der Mühe wert."

Als er dann im Auto saß, fiel ihm dann auch wieder der Hinweis der Polizei auf diesen Gartenbaubetrieb ein, der war doch in Lurup oder so, ob es da am Ende eine Verbindung gab? War das am Ende ein Versuchsfeld gewesen, wo man später Cannabis für die Pharmazie anbauen wollte? Oder waren das nur Amateure, die heimischen Drogenanbau ausprobieren wollten? In seiner Profession – das wusste er – hat so etwas keinen Platz. Schließlich ist in seinem Bereich Vertrauen mit das wichtigste Kapital. Also nach einmal: die eigene Qualitätskontrolle verbessern, effiziente Routinen einrichten und – was immer wichtig ist – Stichproben gerne noch einmal nachkontrollieren. Kostet zwar Geld, ist es aber wert. Und dazu… den Versuch unternehmen, die eigenen Zulieferer gründlicher zu durchleuchten, denn jedes mit schlechter Ware eingesparte Geld ist am Ende teuer bezahlt. Richtig – und für den Hanf fiel ihm ein, dass er da doch neulich eine Einladung zu einer Hanffarm nach Mecklenburg-Vorpommern bekommen hatte. So etwas sollte man tun, damit das Ganze einfach transparenter wird und man dann auch endlich wieder etwas Zeit für sein Privatleben hat. Denn das findet in einer solchen Zeit kaum noch statt. Eigentlich sollte er sich ja wenigstens längst wieder mit Helen getroffen haben. Ob das aber auch privat sein würde. Man wusste es nicht.

Elbchaussee
Jörn hatte Helen vorgeschlagen, sich diesmal auf dem Anleger in Teufelsbrück zu treffen. Das kleine Restaurant Engel eignet sich gut für etwas verschwiegene Treffen und gibt in Gesprächspausen die Möglichkeit, mit Augen und Gedanken dem Schiffsverkehr zu folgen. Den Blick auf die Elbe hätte man auch in einem ähnlich gelegenen Restaurant in Övelgönne haben können, aber das war ihm einfach zu nahe an seinem Büro und außerdem saß man hier wirklich direkt im Wasser auf einem schaukelnden Ponton. „Du wirst ertragen müssen, dass ich dir aber vor dem Essen eine ganze Menge Papier mitbringe und dass wir den ersten Tropfen erst zum Trinken bekommen, wenn wir das wirklich durchgearbeitet haben." Also erst mal die Arbeit. Jörn war im

Freizeit-Look gekommen, Jeans, offenes Hemd, sehr lässiges Jackett. Helen kam im Hauch eines Kostüms, sehr kurzer Rock, taillierter Blazer und der berühmte Blick, der Jörn erst jetzt wieder auffiel. Viel zu spät fiel ihm auf, dass sie hier schon einmal vor Jahren zusammengesessen hatten. Typisch Mann. Hätte er doch merken können. Aber nun war es zu spät. Damals war Helen eher die exzentrische Göre. Fühlte sich unwiderstehlich und gut. Und Jörn dachte damals gerade, dass das Spiel zwischen ihnen beiden zu unterschiedlich sei. Er kämpfte mit dem ständigen Umbau und der Anpassung seiner Firma an wechselnde Märktem, und sie wollte einfach nur ihre eigenen Ansprüche bei ihm durchsetzen. Einer dieser typisch-nervigen Abende. Und es hatte trotzdem noch ziemlich lange gedauert, bis sie dann endlich über den Kern der Sache gesprochen haben. Bis dahin war unheimlich viel Porzellan zerbrochen worden. Oder doch nicht nur Porzellan? Vielleicht auch jede Perspektive. Gut, dass ihm das jetzt noch einfiel.

„Woran denkst du?", fragte ihn Helen. „Ich musste unwillkürlich an ein früheres Mal hier denken, aber dafür hatte ich den Ort nicht vorgeschlagen. Ich denke, diese Zeit ist vorbei. Lass uns erst einmal diesen Stapel von dir anschauen. Ich bin schon ganz neugierig," „Ich habe inzwischen einfach mal die Meinung von einigen Produktentwicklern eingeholt und mir sagen lassen, was die suchen und brauchen, worauf sie achten, worauf es ihnen ankommt und so. Daraus kann man vermutlich am besten ablesen, wie sich die Frage in Zukunft entwickeln wird. Und dabei ist mir dann doch einiges aufgefallen…" Und schon waren die beiden in einem sehr intensiven Fachgespräch gelandet und der Kellner hatte neben der ersten Flasche Mineralwasser noch keine weitere Chance bei ihnen. Jörn merkte, dass Helen sich intensive Gedanken gemacht hatte und ihm wurde klar, dass er damit einiges anfangen konnte. „Manchmal kommt man einfach nicht dazu, die Fragen von einer anderen Seite zu sehen. Doch, das leuchtet ein. Und das hat vor allem Konsequenzen für die Auswahl an Waren, die wir einkaufen sollten. War mir wirklich nicht deutlich, was die suchen. Sehr gut…"

Und dann wurden sie von dem Ausblick aus dem Fenster ziemlich abgelenkt. Ein ziemlich großer Pott von Kreuzfahrtschiff schob sich an ihnen vorbei, eine schwimmende Stadt mit fröhlichen Menschen. „Ich wollte zwar nicht wirklich dabei sein, aber nett sieht es aus", warf Jörn ein. „Manchmal habe ich den Eindruck, es bleibt neben dem Job kaum noch Zeit für anderes." „Und, hättest du die denn gerne? Dann müsstest du sie dir nehmen. Du bist schließlich der Chef." „Stimmt nun auch wieder." „Also, was hindert dich." „Nicht dass es der einzige Grund sein sollte, aber ich glaube, ich würde ab und zu meine freie Zeit nicht alleine verbringen…" „Kann man das auch etwas verständlicher ausdrücken?" Dem sonst nach außen so coolen Geschäftsmann fehlten die richtigen Worte „Was ist, wenn ich einfach nicht weiß, wie ich anfangen soll?" Nachdem nun draußen weder ein Kreuzfahrtriese noch ein interessanter Containerfrachter eine Ablenkung geben wollten, nahm er schlicht ihre Hand. „Meinst du, wir könnten es richtiger machen? Ich fände das gut." Ein verlegener Ansatz, aber immerhin ein Schritt. Er hatte sich aus seinem berühmten Schneckenhaus gewagt. Und er wusste, dass das allein noch keine Lösung war. „Ich würde gerne bei nächster Gelegenheit zusammen etwas mit dir unternehmen, einfach so und vielleicht etwas, was wir beiden noch nie gemacht zusammen gemacht haben, keine Wiederholung alter Trampelpfade. Ich war zum Beispiel noch nie in Venedig…" Das war ein Punkt, an dem man sowieso nicht mehr argumentieren sollte. „Also bitte zwei Aperol Spritz, und auf Venedig…"

Das ist das wirklich Dumme an einer solchen Situation, weil die beiden sich natürlich viel zu gut kannten, um ein im weitesten Sinne unbedarftes Verlieben aufkommen zu lassen. Aber es schien so, als ob da ein Interesse von beiden Seiten war.

Paris zu Fuß

Wie nicht jeder die Stadt kennt: Vom Jardin des Plantes zum Panthéon.

Keine weiten Wege, aber viele Chancen, unterwegs
anzuhalten und Neues zu entdecken

Wir starten den Weg gegenüber vom Gare d´Austerlitz
und spazieren durch den wunderschön angelegten Jardin
des Plantes. Ein Blick auf und in die Orangerie ist durchaus
empfehlenswert.
Man sollte später, nachdem man den Jardin des Plantes
über die Rue Geoffroy Saint-Hillaire verlassen hat, einen
kleinen Abstecher zu der großen Moschee von Paris.
Machen. Sie ist sehr schön und ebenfalls zu besichtigen.
Wenn sie wieder am Rand des Jardin des Plantes
zurückgehen, können sie über die Rue Linné in die Rue
des Arénes und von dort zu den noch heute erkennbaren
Resten der römischen Arena von Lutece. Der Anblick mag
im Vergleich zu anderen Arenen Südfrankreichs
enttäuschen, aber er zeigt die römische Vergangenheit
– die man hier nicht unbedingt erwartet - sehr
eindrücklich.
Über die Rue Rollin, die Rue Blainville und die Rue de
l´Estrapade gelangt man weiter über die Rue Clothilde
zum Panthéon.
Wenn sie noch etwas weiter spazieren möchten, können
sie dann über die Rue de la Montagne Sainte-Genevieve in
die Rue des Écoles in das Areal der Sorbonne gehen.

Avenue des Champs Elyssés

Wenn man zuvor noch nicht die Chance gehabt hatte, die Straße zu bewundern, dann übt sie schon durch ihren Namen einen Reiz aus. Zwischen dem Triumphbogen und dem Obelisken am Place de la Concorde erstreckt sich die Prachtstraße, deren Ruf als Feiermeile, Einkaufsmeile, als Ort nationalen Gedenkens wie auch von Luxus und Vergnügen immer neu unter Beweis gestellt wird. Es war die Straße, in die es den Doktor damals nach seiner ersten Landung in Paris geführt hatte, die Straße, die er schon ganz ganz früher einmal genommen hatte, als es noch entfernt möglich war, eine Durchfahrt durch Paris direkt mit dem Auto zu nehmen und es war auch das allererste Shoppingerlebnis für Aline gewesen, die durch ihre Wartezeiten in der Stadt auch ganz andere Viertel und Eindrücke mitgenommen hatte. Und obwohl gerade sie den Luxus liebte, fand sie diese Straße doch ziemlich fade und letztlich die dortigen Geschäfte fast gesichtslos.

Aline fragte sich ohnehin nach dem letzten Besuch mit René, nachdem er abends doch ziemlich geschunden aufgetaucht war, ob es jetzt das mit Paris gewesen war. Sie nahm es seit Jahren stets als normal, dass René sehr spontan seinen Plänen nachging, dass es eigentlich nie längerfristige Voransagen über Vorhaben und Termine gab und dass das Leben eine Art Überraschung sei. Wären da nicht für den Alltag ihre netten Kolleginnen und für die Ausnahmezeit der Reiz von etwas Jet-Set-Leben, sie hätte das Ganze wohl mehr hinterfragt. Beziehungen können auch etwas mit Bequemlichkeit zu tun haben. Veränderungen bedeuten Anstrengung, man muss den Alltag neu organisieren. Solange das nicht zwingend notwendig ist, besser lassen. Und mit ihren vielen Single-Freundinnen wollte Aline auch nicht unbedingt tauschen. Die mussten sich um alles selbst kümmern, reisen alleine planen und von all den kleinen praktischen Dingen wollen wir lieber nicht sprechen.

An die Champs Elysses musste sie denken, weil sie dort ihre letzten wirklich sündhaft teuren Ohrringe entdeckt hatte und bekam, aber das ist jetzt auch schon wieder mehr als zwei Jahre her. Und nein, nicht dass ihr jetzt ein Ring oder etwas Anderes fehlte. Eigentlich hat sie von dem allem auch schon wieder mehr als genug. Die kleinen Einführungen durch Evita oder diesen Doktor hatten gezeigt, dass man in Paris ganz anderes suchen und finden kann.

Aber wer sagt denn auch, dass die Märchenprinzen aus der Stadt kommen müssen? Mondäne Schweizer Skiorte wie Gstaad oder Sankt Moritz oder exklusivere Seebäder wie Cannes, Nizza und Monaco sind vielleicht die viel passenderen Destinationen, oder Events wie Formel 1-Rennen – so jedenfalls, wenn man die Destinationen, wenn man die Zielorte von Renés Flugservice ansah. Aber nahm man dadurch an diesem Leben teil? Manchmal wurde man ihnen vorgestellt oder zu einer ihrer Partys eingeladen. Dann wartete Aline wie das Mädchen in der Tanzstunde darauf, dass das Schicksal auf sie zukommt. Aber stattdessen tingelt sie mit René durchs Leben, folgt den Spuren von Reichtum und Glanz und hat auf der anderen Seite die ganz normalen Träume, wie sie jedes Mädchen hat.

Was muss derjenige haben, der ihr Leben verändern würde? Er müsste sie auf Händen tragen und ihr das Gefühl geben, dass sie sich auf ihn und vor allem auf das Leben mit ihm verlassen kann. Aber ist sicherer Boden und eine Art Rundum-Versorgung schon ein Inhalt fürs Leben? Solange man nicht weiß, was man sucht, kann man eigentlich auch gar nicht suchen. Da dreht sich alles nur im Kreis. Und eigentlich hat sie schon alles. Sie wohnt in einem schönen Haus, trägt wertvollen Schmuck, kann sich kleiden, ohne auf Geld zu achten, hat keine Gebrechen und wird zwischendurch nett unterhalten. Weitere Ziele? Wozu braucht man Ziele? Braucht man die überhaupt? Ja, nur manchmal in ihrem Leben gab es schon das Gefühl, dass das alles nicht genug ist. Dass man ausbrechen muss. Und wenn man ausgebrochen ist und alles neu macht, dann wird es am Ende doch wieder ähnlich. Ist das die Wahrheit, dass jede Art des Lebens nach einigen Jahren langweilig wird?

Boulevard Saint Michel

Der Doktor hat den Eingang des Jardin du Luxembourg erreicht. Der Park ist im Wechsel der Jahreszeiten ein toller Ort mit dem Blick auf das Palais du Luxembourg. Sobald es warm genug ist, kann man sich noch abends in den Park setzen und lesen und ja, die juristische Fakultät ist nicht weit. Sie ist für ihn ein Ort der Hoffnung, weil dort Fayola studiert. Aber die hat alles andere als den Sinn, sich mit ihm zu verabreden. Immer wieder steht das laufende Lernpensum dem entgegen.

Zu Planungen gab es keine Basis: Neulich schrieb sie ihm, dass man sich doch kurzfristig am Jardin du Luxembourg in einer Brasserie treffen könnte. Sie einmal wieder völlig verändert in Haartracht und Aussehen. Sie erzählte von den nahenden Semesterprüfungen, dass sie noch viel nachzuholen hätte, weil sie den Stoff immer noch nicht verstanden hat, „Das will alles nicht in meinen Kopf. Dabei will ich das doch nur, um später meinen Landsleuten zu helfen." Es gab da immer diese innere Unruhe und dann eben doch den Druck der Familie, die nur sie gerade von Vormittag bis zum frühen Abend an die Fakultät lassen wollte. Und dann rief schon wieder die Hausarbeit. Gerne hätte der Doktor mit ihr zusammen wenigstens ein paar gemeinsame Freiräume eingeplant. Aber auf diesem Ohr war sie doch eher taub.

Eine Beziehung, so wie der Doktor sie vielleicht sich vorstellen will, ist schlicht nicht in ihrem Horizont. Wenn er dann so wie heute vermeintlich in ihrer Nähe ist, verfolgen ihn bereits Tagträume und er sieht ihren schwarzen buschigen Lockenkopf überall und doch nicht.

Sinnlose Hoffnungen sind eben auch sinnlos. Und ein paar Avancen und Botschaften auf dem Handy ersetzen die Nähe nicht. Er musste unbequemer weise lernen, dass sie ihm ab und zu vielleicht ein Häppchen hinwerfen würde, dass sie sich etwas von ihm holen wollte, aber nicht das war, was er in ihr gerne gesehen hätte.

Etwas ernüchtert setzte sich der Doktor auf eine Bank. Nette junge Frauen kamen immer wieder durch den Park. Er schaute ihnen nach. Ganz normale Französinnen. Sie lachten und in gingen unbeschwert in den aufziehenden Abend. Wahrscheinlich scheiterte seine Sehnsucht im Moment doch an der kulturellen Unterschiedlichkeit. Sicher, Fayola hatte an der Universität eine halbwegs normale Rolle eingenommen. Aber auch dort war sie eine Ausnahme, eine erwachsene Frau mit Kindern und Enkeln unter normalen Studenten. Morgens vor neun und abends nach sieben tauchte sie wieder in diese völlig andere Welt ein und dazwischen war sie Studentin. Aber eben doch nicht Studentin wie andere.

Auf der einen Seite – und das konnte die studentische Welt sicher vertragen – eine Vorkämpferin für die Rechte der Menschen in ihrem Land, besonders für das Schicksal der Frauen und Kinder und eben auf der anderen Seite, wenn auch nicht unterdrückt, doch nach wie vor auch ein Teil dieser Welt, die nicht bruchlos an das Leben der Sorbonne und zu ihren Studenten passt.

Und wie sollte in diese Zwitterwelt noch ein Freund, ein Liebhaber oder gar am Ende ein europäischer Partner passen. Das war eine Illusion, genauso wie auf Dauer die Idee von einem normalen Studium. Trotz des Geschenks dieser Begegnung, der Doktor sollte einsehen, dass das alles nicht wirklich zusammenpasste. Zu schön, aber nicht wirklich wahr. Denn je mehr er sich auf diesen Gedanken versteift hatte, desto weniger war sein Blick offen für ganz andere Erlebnisse und Begegnungen.

Ein wenig desillusioniert schlenderte er durch den Jardin du Luxembourg. So viele attraktive und ganz normal wirkende Frauen in Paris. Da würde jemand wie er doch noch die Richtige kennenlernen. Musste ja nicht immer gleiche eine Herkulesaufgabe sein, eine die total in festen Händen ist oder von einem anderen Stern.

Ob das bei dieser Aline anders war? Bestimmt hatte auch die zu Hause bereits einen Mann oder Partner. So hübsch, wie die aussah, wäre alles andere ja wirklich eine Sünde gegen die Natur. Aber eben auch nur der Beweis, dass es solche Attraktionen schon in seiner nächsten Umgebung geben könnte. Man muss ja nicht gleich immer nur die Aufgaben suchen, an denen man sich die Zähne ausbeißt. So ein innerer Abschied von einer kleinen Illusion tut manchmal auch ganz gut. Wie sagte schon Hesse, der es ja auch wissen musste „und jedem Abschied wohnt ein Zauber inne, der uns beschützt und hilft, zu leben". „O.K.", dachte der Doktor, „dann wollen wir doch einmal sehen." Und mit diesem Gedanken war der Weg in den Abend auf jeden Fall schon einmal viel leichter.

Place Louis-Armand

Zur Weltausstellung in Paris wurde eine Menge vorbereitet, um die Stadt in ein modernes und luxuriöses Licht zu rücken. Es war die zehnte Weltausstellung, sie fiel auch noch auf das Jubiläum der Französischen Revolution. Alles gut platziert. Der Eiffelturm wurde rechtzeitig fertig mit einer ganzen Maschinenshow drum herum, Fesselballons bevölkerten die Stadt, der neue Bahnhof, der Gare de Lyon wurde einer der prachtvollsten Bahnhöfe, dekoriert im Stil der Zeit, und bis heute ist dieser Look vor allem im Restaurant Le Train Bleu erhalten. Die auch einem Schloss würdige Ausstattung beeindruckt noch immer und das passt natürlich hervorragend zu der französischen Wertschätzung des Essens. Hier vor Ort sollte der Doktor mit französischen Verbandsvertretern eine Kooperation für Wirtschaftskontakte mit deutschen Stellen vorbereiten. Eine heikle Aufgabe, weil es eben in Frankreich, insbesondere bei der Vergabe von Staatsgeldern, gerne gesehen wird, dass die Aufträge in französischer Hand bleiben. Der kulturelle Graben zwischen beiden Ländern ist Realität, selbst wenn beide Länder in ihren Wirtschaftsbeziehungen ebenso wie in der Politik engste Partner sind. Nur wenige Fachleute sprechen beide Sprachen nahezu ähnlich gut wie der Doktor und fast noch weniger verstehen auch die Mentalität beider Seiten derart flüssig, um gangbare Brücken zwischen ihnen zu bauen. Und obwohl es in Europa selbst im wirklich zentralen Punkt der Essgewohnheiten Annäherungen gibt, bleibt gerade dieses Feld für Franzosen ein Symbolfeld nationaler Identität. Über Flugzeuge, Waggons und Schienen konnten solche Kooperationen fast ebenso schwer, aber letztlich durch Rücksichtnahme auf symbolische Akte, erreicht werden. Aber gute Lebensmittel, die sollten durch und durch aus Frankreich kommen.

Und jetzt ging es darum, dass ausgerechnet auf diesem Feld vielleicht auch ein bescheidener Austausch stattfinden könne. Dazu hatte ein smarter Franzose aus der Verwaltung den Doktor zum Gespräch mit der Entscheiderin, einer warmherzigen in jeder Hinsicht gereiften Bretonin gebeten. Der Doktor lenkte das Gespräch sogleich auf die Situation der Branche und schilderte bewusst einfühlsam und detailliert die Lage der Branche und ehe man sich versah, war man in einer sehr tiefen Sachdiskussion, von der aus man für gewöhnlich deutlich auch heikle Fragen attackieren kann. Eine Verwandlung bei einem solchen Lunch kann dann durchaus heißen, dass dabei das Menue zu kurz kommt und selbst der obligate Wein eben nur sehr sparsam zur Anwendung kam. Eine solche Situation war anders, wenn man dagegen mit typischen Spesenrittern unterwegs war, für die das Zustandekommen eines solchen Termins deshalb die Hauptsache war, weil dann ein ausgedehntes Menue samt Champagner und Wein mehr als gerechtfertigt war.

So gab es in diesem Fall viel zu wenig Gelegenheit, die Pracht und Schönheit des Train Bleu zu würdigen und zu genießen, aber es gab dem Treffen natürlich einen entsprechend würdigen Rahmen, was nun einmal zum gesamten Ritual französischen Geschäftslebens hinzugehört. Aber letztendlich sind dann auch in Frankreich Kontakte und Sachdiskussionen wichtiger als die Speisekarte. Denn Sachargumente und Sachzusammenhänge, belegt durch echte Zahlen und Fakten, sind der wichtigste Kern der meisten Geschäftsverhandlungen. Wer auf diesem Gebiet nichts oder wenig zu bieten hat, tut sich schwer. Da war es gut, dass der Doktor in einer Weise eben auch ein Intellektueller war, geprägt durch Studien von Geschichte, Soziologie, Nationalökonomie und Philosophie. Das sind Fähigkeiten, die in diesem Land mehr geschätzt werden als woanders. Und wenn es einem gegeben ist, derlei vielleicht auch noch anschaulich und manchmal humorvoll einzuflechten, ist das bestimmt nicht verkehrt.

Landungsbrücken

Der Blick aus der Gegend um die Landungsbrücken prägt das Bild des maritimen Hamburg, obwohl ja diese Gegend nur sehr bedingt den Hafen zeigt. Der wirklich mit Warenumschlag und etwa den vielen Containern befasste wirkliche Hafen befindet sich auf der anderen Seite der Elbe Richtung Harburg. Und ursprünglich besagte das alte Hamburger Hafenrecht auch, dass sich der Hafen in seinen Ursprungszeiten an der Einmündung der Alster in die Elbe lag. Aber an den Landungsbrücken beginnen die klassischen Hafenrundfahrten. Hier liegen – mit einigen zeitlichen Ausnahmen – die Rickmer Rickmers und die Cap San Diego und hier hat man wenigstens ein Stück auf der einen Seite einen guten Blick auf die neue Elbphilharmonie als absolut neue Liebe der Hamburger und auf der anderen Seite auf die Docks, in denen man am allerliebsten die Queen Mary 2. liegen sieht, weil dies unter den modernen Riesen das Lieblingsschiff der Hamburger ist. Und alle Jahre zum Hafengeburtstag wird die Liebe zum Meer samt Romantik früherer Zeiten wiedererweckt.

Damals, als Aline vor langer Zeit zum ersten Mal diesen Blick hatte, war selbstverständlich noch keine Elbphilharmonie zu sehen, und damals wusste sie noch weniger als später, was eigentlich hinter dieser Stadt steckte. Um am nächsten Tag sicher und schnell an Bord zu sein und die Reise ohne Hektik zu beginnen, war man bereits am Vorabend angereist. Ihr damaliger Partner hatte für die beiden von Hamburg aus eine Kreuzfahrt auf der Vistafjord – damals einem begehrten und selbst in Hamburg als sehr gut gewerteten Schiff – gebucht, und da ging es eben nur marginal um den Ort der Anfahrt, mehr um die benötigten Abendkleider auf dem Schiff, darum, dass auch alle Kosmetikkoffer an Bord sein würden, alles zu haben, um an Bord eine gute Figur zu machen. Man fühlte sich jung, war mit seinem Job gut aufgestellt, konnte sich eine damals doch deutlich teurere Kreuzfahrt leisten und hatte ansonsten wenige Fragen an die Zukunft.

„Liebling, lass uns auf diese Reise anstoßen. Ich freu mich."

„Du wirst bestimmt die Schönste an Bord – die neue Miss Vistafjord - und vielleicht auch die Jüngste, so wie ich den Reiseveranstalter verstanden habe. Wir lassen uns überraschen."

„Mein Gott, das könnten Kreuzfahrer sein" kam es aus dem Off, genauer gesagt aus dem Munde eines - gerade aus der Hafenstrasse kommenden Punks mit einer Bierdose, der in der Nähe vorbeischlich „so möchte ich nie aussehen." Die beiden mussten lachen. Eben zwei Welten.

„Wo wir morgen wohl sind? Dieses tolle Schiff. Ich bin ja so aufgeregt…" „Wir werden es schön haben, das Programm klang doch sehr gut. Was wollen wir mehr?"

Ob es bei solchen Feststellungen wirklich bleibt. Natürlich war Aline empfänglich für das Schöne, das, was man in ihrem Umfeld schön fand. Aber das kann sich ändern, je mehr man erlebt, je mehr man kennenlernt und dann wird einiges, was einmal vielleicht Ziel der Wünsche war, nicht mehr erstrebenswert. Menschen und die Erfahrungen mit ihnen verändern ein Profil am nachhaltigsten. Und da hat Aline ja gute Chancen, denn einen so attraktiven Menschen möchten schließlich einige kennenlernen. Da war sie noch ganz am Anfang, hielt den eigenen Start in Leben und Beziehungen für passend, hatte schließlich bereits seit dem eigenen Studium in ihrer Fachrichtung, der Pharmazie, eine nicht zu verachtende Auswahl möglicher Bewerber und Kandidaten gehabt.

Und so sank damals ein zufriedener Abend über dem Paar.

„Morgen werden wir auf der Vistafjord sein, sehen wie das auf so einem Schiff ist, noch dazu einem sehr schönen und luxuriösen." Was wünscht man so einem Paar? Erst einmal „gute Reise" oder doch eher „Mast- und Schotbruch"? Man wird sehen.

Moorfleet, Ring 2

Keine Gegend, die man Touristen empfehlen sollte. Industrieschuppen, billige Hotels, nahe der Autobahn. Vielleicht hätte sich René für diesen Besuch von Aline ein paar Gummihandschuhe ausleihen sollen. Er war allein gekommen. Hatte etwas vor. Er wollte seine „Lieferanten", seinen Mittelsmann für mittelöstliche Raubkunst treffen und musste ihm berichten, was geschehen war. „Die wollten mich entweder über den Tisch ziehen oder die haben Recht. Wir haben uns regelrecht geschlagen, weil die zur Sicherheit alles erst einmal bei sich behalten haben. Die haben behauptet, deine Wäre sei nicht in Ordnung und ich hab den ganzen Dreck abbekommen. Mist." Zugegeben, das war nicht die normale Sprache von René, aber musste sich bei diesem vermutlich Kriminellen ja Gehör verschaffen. „Und das Schlimmste, mein gut zahlender Kunde glaubt dann am Ende weder mir noch der Ware... Ich werd da nicht dauernd meinen Kopf hinhalten. Und außerdem; wir sind schon allein mit dem, was bis jetzt war, jederzeit erpressbar. Nicht lustig." Da war auch für so einen etwas geübteren Nachfolger alter Piraten guter Rat gefragt. Schließlich hatte er keine Lust, mit so etwas bei irgendwelchen Behörden im Zentralcomputer zu landen. Die Kreatur überlegte und machte schließlich einen Vorschlag. „O.k. Wir versuchen es im Guten. Ich hab da noch ein absolut gleiches Exemplar dieser alten Figürchen, da geb ich für diese Mimosen jetzt sogar das alte Museumszertifikat mit und den Mann, der den Empfang aus dem Original-Museum bestätigen kann, weil er dabei war. Wird das denen reichen?"

Beschwören kann man einen solchen Vorschlag sowieso nie.

Aber man konnte es ja versuchen. Was blieb René denn auch anders übrig. Jetzt hatte er damit angefangen… Also musste er sehen, wie es gelöst werden kann.

`Aéroport Charles de Gaulle`
Fayola sah, dass sie den Doktor schon seit zwei Tagen nicht erreichen konnte. Jetzt wurde die Zeit knapp, denn in zwei Stunden saß sie im Flieger. „Ich hätte es ihm lieber persönlich gesagt. Das Studium war doch nichts für mich. All die Semesterprüfungen, selbst mit Nachhilfe. Das war einfach nicht zu schaffen. Ich hätte noch mindestens zwei Jahre durchhalten müssen. Ich habe in drei Semestern nicht einmal den Stoff von zweien geschafft. Es war einfach zu viel. Ich sehe es ein. Ich flieg nach Niamey in den Niger zu denen, die jetzt meine Hilfe brauchen. Er wird mich erst einmal nicht erreichen, vielleicht werde ich mich melden. Wer weiß? Bisous, Küsschen. Das hätte er ja mindestens verdient. Er war immer so verständnisvoll."
Aber mit diesem Verständnis war es bei dem Doktor jetzt nicht mehr so weit her. Als er die Zeilen dann Stunden später als SMS las, war er froh, dass er seine Hoffnungen bereits eher früher begraben hatte, obwohl ja die Hoffnung bekanntlich zuletzt stirbt.
Man musste auf der anderen Seite eben auch einsehen, dass ein gefragter Geschäftsmann privat eben auch nicht mehr ganz wie ein Student leben kann, will sagen, ein wenig mehr Absprache und Berechenbarkeit wäre ja auch ganz schön, denn schließlich haben die geschäftlichen Planungen und Termine ihr Recht in seinem Leben und nicht nur unkalkulierbare weibliche Reize. So entschloss er sich auch an dieser Stelle für die verständnisvolle Variante. Das auch, weil er dachte, dass dieses Kapitel ad acta gelegt sei. „Bon voyage, gute Reise, ich wünsche von Herzen, dass dieser Entschluss richtig war. Bisous."

Hamburg zu Fuß

Ein schöner Spaziergang an der Außenalster von der schönen Aussicht nach Harvestehude

Der Weg an sich ist zwar gar nicht weit, aber eine Stunde nur zum Gucken muss drin sein, mit Zwischenstopps entsprechend länger
Wir beginnen den Weg zwischen Schwanenwik und schöner Aussicht. Hier hat man auf der Stadtseite das Literaturhaus und über die Straße befindet sich die Alsterperle. Von hier den Blick über die Alster zu genießen, lohnt sich. Sie sehen auf der anderen Seite der Alster die wesentlichen Wahrzeichen der Hansestadt auf einen Blick.
Wenn sie der Schönen Aussicht folgen, sehen sie rechts das Islamische Zentrum, dahinter biegen sie auf die Fährhausstraße und dann können sie den langen Zug, der von der Alster abbiegt, nur über die Straßenbrücke überqueren.
Man biegt von der Sierichstraße ab, die weiter in den Stadtteil Winterhude führt, und deren Parallelstraßen später das Herz dieses Teils ausmachen. Danach geht es links zu der Straße Bellevue, in der sie auf der Seite der Villen eine Idee von einer privilegieren Wohnlage Hamburgs bekommen und ansonsten den unverstellten Blick auf die Außenalster genießen.
Um zur Fernsicht zu kommen, überquert man mit der Straße den Rondeelkanal und dort kann man wiederum links zu Bobby Reich, wahrlich auch einer Institution abbiegen.

Bobby Reich bietet neben einem Restaurant mit Blick auf die Alster und dazu traditioneller Hamburger Küche auch einen Bootsanleger mit benachbartem Bootsverleih.
Bei schönem Wetter eine begehrte Hamburger Freizeitbeschäftigung.
Über die Krugkoppelbrücke gelangt man dann auf die andere Seite der Alster.
Zur linken haben sie den Anglo-German Club und jetzt folgt man am besten dem Fußweg links neben dem Havestehuder Weg.

Als Ziel eines gemütlichen Spaziergangs könnte man sich beispielweise das Café Bodo´s Bootssteg einplanen. Ein hervorragender Platz für einen letzten Stopp an der Außenalster.

Wenn sie die Alster nach links verlassen, kommen sie in den Mittelweg, die innere Lebensader von Harvestude, über die sie dann nach links zurück in die City gelangen und diese auf der Höhe des Dammtorbahnhofs erreichen.

Würden sie von Harvestehude noch einen weiteren Schlenker nach rechts machen, kommen sie unweigerlich in das Universitätsgelände und das Grindelviertel. Dieses war vor dem zweiten Weltkrieg ein jüdisch geprägtes Viertel und wird heute durch die Studenten zu einem bunten, lebendigen Bereich der Stadt.

Rue Jacob

Wenn es schon diesmal mehr als eng in der kleinen Maschine war, weil sie sich diesmal zu dritt einrichten mussten, hatte sie darauf bestanden, dass man wenigstens in dem inzwischen bekannten Hotel abstieg. Der dritte Mitreisende war stämmig und groß, undefinierbaren Alters und während der ganzen Zeit äußerst schweigsam. Diesmal hatte er eine Reisetasche dabei. René hatte erklärt, er sei Kunstexperte und deshalb habe er ihn mitgenommen. Aline hatte es sich schon seit geraumer Zeit abgewöhnt, weiter nachzufragen. Als die drei in der Stadt angekommen waren, verzog sich der Experte schnell auf sein Zimmer. René buchte auf Anraten der Rezeption für sich und Aline einen Tisch im Guy Savoy in der Nähe. „Ah Monsieur, sie sind wieder da, hoffentlich geht es Ihnen besser als zuletzt", bemerkte der Portier verschmitzt. Aline empfand das vermutlich ähnlich. Sie hatte in Sachen Paris ein ambivalentes Gefühl, zumal sie sich für den nächsten Tag wieder darauf einstellte, auf sich allein gestellt zu sein. „So ist es schöner. Ich mag es, mit dir essen zu gehen. Du magst das doch auch." Absolut. Kochen in der eigenen Wohnung wäre für René eine völlig neue Erfindung gewesen. Er liebte Showtime im Restaurant, wo immer er auch war. Und heute Abend sah er ja auch unverschämt gut aus. Ganz nach dem Geschmack von Aline. „Wir werden sehen, dass wir morgen auf jeden Fall zum früheren Abend fertig sind…" kündigte er an. Aline war das recht. Dann hatte man noch einen weiteren gemütlichen Abend wie diesen. Ein total leckeres Menue mit kleinen Gängen und eine Freude für Auge und Gaumen.

Als Aline um acht Uhr im Hotel erwachte, war René bereits aus dem Hotel verschwunden. Und da sie schon mit ihrem Frühstück ungern allein war, wählte sie lieber gleich die Nummer des Doktors. „Sie haben Glück, ich war im Begriff zu gehen." Auf die Frage nach einem Ort hatte der Doktor auch eine klare Option „Dann setzten wir uns doch in die Morgensonne beim Le Hibou, das ist ja nicht weit."
Da wusste der Doktor sicher, dass es früh offen war und

erfahrungsgemäß ein guter Kaffee zu erwarten. Er rief noch schnell im Büro an: „Eine dringende Kundenreklamation. Da fahre ich gleich mal hin. Komme später rein…" War es das wert, seine Zeit für solche Darstellerinnen zu reservieren? Rein gefühlsmäßig war es das auch diesmal für den Doktor. Obwohl – man sollte sich schon fragen. „Bitte mein Lieber, hier wird doch überhaupt nicht mit irgendwelchen Hoffnungen gehandelt. Das ist reiner Smalltalk und vielleicht etwas Menschenfreundlichkeit. Mehr ist hier doch gar nicht im Spiel." Der Doktor musste wirklich anfangen, sich selbst klare Rechenschaft zu geben. Sonst könnte er sich am Ende irgendwie verheddern. Aber was gibt man nicht dafür, dass das einen dazu überredet, einen schönen Morgen an einem wundervollen Ort zu genießen, wo man sonst keinen Vorwand dazu gehabt hätte und stattdessen ins Büro geeilt wäre, um dort eine Art Präsenzpflicht zu erfüllen? Alles gut, die Wahl war schon richtig. Allein wegen seines Lieblingslokals.

Aline kam in strahlender Laune. Gestern hatte sie einen schönen Abend gehabt, heute erwartete sie ein charmantes Frühstück. „Und, haben Sie sich für heute etwas vorgenommen? Für richtig moderne Kunst wäre das Centre Pompidou die Empfehlung, für die nicht ganz so taufrischen Werke der Neuzeit das Musée d´Orsay." Für solche Tipps war der Doktor immer eine sichere Empfehlung. Und in den Louvre hatte es Aline schließlich auch schon geschafft. „Mal sehen, ich werde sehen, wie weit ich komme. Aber Sie werden mich doch nicht schon nach dem ersten Schluck Kaffee wieder fortschicken." „Bestimmt nicht, zumal die besagten Häuser auch noch gar nicht geöffnet haben." „Da bleibt mehr Zeit als nötig für unser Frühstück." Aline bemerkte, dass der Doktor ein wenig mehr Zuwendung und Freundlichkeit verdiente. „Schön, dass sie überhaupt die Zeit finden für so eine orientierungslose Besucherin." „Na ja, ich nehme schon an, dass sie sonst wissen, was sie wollen…." „Ist man sich da immer sicher…" „ Seit wann reden wir denn hier von Sicherheit." Entspann sich da etwa doch ein kleiner Flirt zwischen den beiden? Dem Doktor bereitete es

Vergnügen und Aline… man spürte, wie sie in sich hineinlächelte. Sie war mehr als dankbar, dass der aufmerksame Doktor ihr den Weg in diesen neuen Tag etwas angenehmer machte. Sie wusste ja nie, wann die beiden Männer, mit denen sie im Hotel war, wirklich wiederauftauchen würden. Ein sonniger Morgen nahm seinen Lauf. Als die beiden nach geraumer Zeit dann Anstalten machten, vom Hibou aufzubrechen, holten sie zur Verabschiedung die ortsüblichen Begrüßungsküsschen nach und ja, Aline gab ihm auf einem Zettel ihre Handynummer. „Man weiß ja nie." Eben eine der lapidaren Weisheiten des Lebens.

Rue de la Légion d'Honneur

Aline hatte sich für den deutlich kürzeren Weg zum Musée d´Orsay entschieden. Wahrscheinlich richtig, weil das Centre Pompidou von den mit ihren Ausgängen ausgesprochen verwirrenden Haltestellen Châtelet oder Les Halles für Ortsunkundige nicht leicht zu finden ist. Auf das Musée d´Orsay läuft man am linken Seineufer ja direkt zu. Das jetzige Museum war zwischen 1900 und 1939 ein Bahnhof, danach wurde die große Bahnhofshalle unterschiedlich genutzt – gelegentlich auch als Filmkulisse – bis in den siebziger Jahren die Idee reifte, den Ort als Museum zu nutzen, welches schließlich zum Dezember 1986 realisiert wurde. Ein langer Weg, aber ein Besuch zeigt, dass er sich lohnt.

Die große Halle mit ihren Plastiken sowie der großen Bahnhofsuhr hat schon etwas Monumentales und in der Ausstellung findet sich so mancher der Wegbereiter der Moderne. Das bot genügend Stoff für ein paar Stunden, in denen sich Aline in eine Form der Kunst vertiefte, die sie normalerweise mit einer ihrer Kolleginnen genoss, weil Männer ohnehin dazu weniger zu überzeugen waren. So wie sie sich für Tanz, Bewegung und bildende Kunst begeistern konnte, so sammelte sie auch für daheim limitierte Drucke.

Aline war auch deshalb kunstinteressiert, weil Kunst und Schönheit für sie eng zusammengehörten, und dies den Grundstock für eine ihrer weiteren Lieblingsbeschäftigungen bildete: Wohnungsgestaltung und Einrichtung. So, wie sie jeden Tag und mit großer Sorgfalt die eigene Kleidung zusammenstellte, liebte sie es Räume mit Bildern und Gestaltungselementen zu Kompositionen zu machen. Mit anderen Worten: mit diesem Besuch war sie durchaus in ihrem Element und konnte für ein paar Stunden die Zeit vergessen.

Aber danach kam dann schnell und drängend die Frage auf, wo René denn sei, was er mache und wann er denn endlich für einen gemütlichen Abend wieder zur Verfügung stünde. Sie entschied sich dagegen, noch ein weiteres Ziel in der Stadt aufzusuchen, wanderte langsam Richtung Hotel und verfiel schließlich darauf, einen Nachmittagskaffee im Deux Magots zu nehmen. Es würde wahrscheinlich auch heute wieder etwas dauern.

Dann am Nachmittag ein Anruf von René „Wann kommst du?" „Weiß ich noch nicht" „Was heißt das?" „Wir haben hier Schwierigkeiten mit dem Zoll. Die halten uns in so einer Art Kommissariat fest, befragen uns und lassen mich im Moment nicht gehen."

„Kann ich etwas für dich tun?" „Wenn ich nur einen Anwalt hätte und dann noch jemand der deutsch versteht…" „Ich kümmere mich darum".

Dazu fiel Aline nur der Doktor ein, der einzige, dem sie jetzt Hilfe zutraute. Sie versuchte, ihm diese komische Situation zu erklären." „Das klingt ernst", analysierte der Doktor „mit solchen Vergehen spaßen sie hier nicht. Sofern René wirklich darein verwickelt ist. „Durch die verschiedenen Treffen mit deutschsprachigen Ex-Pats, wie sich die in Paris arbeitenden Ausländer gerne nennen, hatte er intensiven Kontakt zu all solchen Dienstleistungen wie Steuer, Recht und anderes, die eben in Frankreich doch völlig anders sind als beispielweise in Deutschland.

„Ich kenne da eine sehr kompetente und nette, deutschsprechende Anwältin, die könnte ich versuchen, für

dich zu erreichen, bleib bitte einen Moment in der Leitung."
Und sofort kümmerte sich der Doktor um den Notfall. Das
Glück wollte es, dass die Dame tatsächlich bereit war, später
noch mit Aline über den Fall zu sprechen. Der Doktor gab
Aline ihre Adresse und schlug vor, sich dann gleich zu ihr auf
den Weg zu machen. „Ich habe hier noch zu tun, aber sag
mir doch bitte Bescheid, wenn ihr fertig seid." Nanu, ein
vertrautes Du in der Eile und niemand protestierte dagegen.

Neuer Wall
Wer denkt, große Bleichen und Neuer Wall seien nur
Shoppingadressen, der irrt. Es waren auch immer schon
beste Geschäftsadressen und in den oberen Etagen finden
sich neben Büros eben auch Konferenzräume und Business-
center, und in einem derer ist Jörn Jensen heute Vormittag
mit einer Gruppe von Herstellern und Exporteuren aus
Südafrika verabredet. Solche Delegationen reisen immer
wieder aus unterschiedlichen Ländern in die Hansestadt, um
in der großen Hafenstadt auch mögliche Empfänger für ihre
Ware zu finden. Das klingt einerseits zwar wie ein guter und
interessanter Zugang zu neuen Bezugsquellen, bedeutet
aber meist, dass die mitreisenden Kandidaten im Export nach
Deutschland sehr unerfahren sind und zum Teil völlig
unzutreffende Erwartungen und Vorstellungen mitbringen. Da
Jörn Jensen für seine Geduld, seine freundliche
Mehrsprachigkeit und seine Seriosität bekannt ist, wird er von
Zeit zu Zeit zu solchen Treffen eingeladen.
Südafrika. Natürlich kennt er das Land, weiß auch, wie
kompliziert die Kontakte sind und wie volatil die Währung.
Das alles dämpft die Erwartung. Und er kennt im Grundsatz
das Portfolio. Roibos gibt es zwar viel, aber dafür gibt es in
Hamburg wahrlich genügend Tee-Spezialisten. Nicht sein
Feld. Gerne wird dann auch Shea-Butter angeboten. Das ist
allerdings eher etwas für die Kosmetik, da wird er nur bedingt
angefragt. Was heute interessanter wird, ist zum Beispiel
Moringa, Super-Food-Pulver ähnlicher Art, vielleicht noch
Kalahari-Salz. Von früher kannte er noch Kollegen aus dem

Fruchthof, die damals mit Trauben und Äpfeln aus Südafrika handelten. Ist heute ein schwieriges Brot geworden. Wenigstens ist das Wiedersehen mit den mitgereisten Regierungsvertretern immer nett, intelligente Partner, in der Regel in London studiert, zumindest die alte Garde. Die jüngere Generation dieser Verantwortlichen kommt bereits aus den Reihen der Schwarzen und Farbigen, wie man in der Regenbogennation sehr fein nach Rassen unterscheidet – aber nicht trennen will. Und das ist gut so, wie Jensen weiß, denn der Weg zu einer wirklich alle beteiligenden Nation am Cap ist lang und für stabile Beziehungen auf jeden Fall notwendig.

Jensen erklärt der Gruppe geduldig und in flüssigem Englisch, wie der Markt in Deutschland aussieht, wie bei ihm und seinen Kollegen im Normalfall die Geschäfte abgewickelt werden und was sonst noch wichtig ist. Wie sehr oft in solchen Fällen ist das allenfalls nur für die Hälfte der Anwesenden interessant. Aber bei denen könnte es ja vielleicht fruchten. Er empfiehlt den Teilnehmern, neben dem Hafen auch vielleicht, ein bis zwei ganz normale Supermärkte zu besuchen, um besser zu entdecken, wie man in Deutschland so lebt.

Für eine Kaffeepause reicht die Zeit noch, für die eine oder andere direkte Nachfrage, dann muss Jörn Jensen wieder zurück ins normale Business. Wirkliche Erkundungsreisen lohnen sich nur bei absolut neuartigen Rohstoffen, hinter denen dann aber auch schon eine ziemlich große Menge steckt, damit sich der Aufwand auch rechnet.

Kanzleistraße

Hier war die Gartenparty, auf der Jörn vor Jahren den Doktor kennenlernte. Der Doktor war damals mit unendlich vielen Kontakten und Ideen unterwegs. Damals war auch die Gegend noch lauschiger, weil viele der späteren Neubauten noch nicht standen und man an Sommerabenden sah, wie die Fledermäuse zwischen den großen Bäumen der Gärten und des nahen Parks hin- und herpendelten, leicht gleitend ohne Eile, aber auch nicht gerade langsam.

„So ein Quatsch, was die normalen Importeure so machen. Die kommen immer erst in die Hufe, wenn die Kunden bitter nach irgendeiner Ware jammern", erklärte ihm der damals noch nicht gut bekannte Gesprächspartner, „die wirklich Innovativen im Markt suchen ständig nach Innovationen und neuen Produkten. Da wäre ein neu aufgestellter Import genau richtig. Niemand von diesen Menschen in der Herstellung oder im Verkauf will auch noch seine eigenen Zutaten selbst besorgen. Die meisten können es auch gar nicht. Da ist die Lücke für einen neuen Typ Import." Damals machte Jörn sein Geschäft tatsächlich noch mit langen Angebotslisten, von denen dann doch meist nur eine kleine Auswahl geordert wurde. „Und wie macht man es ihrer Meinung nach besser?" gab Jörn damals durchaus wohlmeinend zurück. „Das erste ist, man lernt sich kennen. Hersteller, Verarbeiter müssen Sie kennen und sie müssen herausbekommen, was die suchen, was die brauchen, was die wollen." „Das kommt in der Tat bei uns zu kurz. Wir fangen immer erst an, wenn jemand von außen auf uns zugeht. Meinen Sie denn, dass es auch anders überhaupt akzeptiert würde?" „Letztlich müssen sie das ausprobieren. Immer, wenn Kunden merken, dass sie einen kundigen Gesprächspartner haben, mit dem es sich lohnt, sich auszutauschen, dann gehen sie auf solche Angebote eher ein." Damals hatte Jörn Jensen diesen Rat angenommen und die Beobachtung gemacht, dass er – mit einem gewissen Weg und manchen Anstrengungen von seiner Seite – für einen Kern von ihnen eine Art Austausch- und Dialogpartner wurde. Das war damals ein Anfang und danach entwickelte sich auch sein Geschäft stetig ein Stück aufwärts. Man blieb in Kontakt seit jenen Jahren und die Themen gingen den beiden dann auch nicht aus. Schließlich kommen alle paar Jahre neue Moden und Trends auf. Aber bei Rohwaren, die keine Bodenschätze oder Fabrikware sind, kommt etwas ganz Anderes: die Anbaugewohnheiten, die Anbauergebnisse, aber auch die Warenströme ändern sich. Etwa seitdem in den USA neben konventioneller

Massenware auch in einem erkennbaren Anteil Bioprodukte nachgefragt werden – ziehen nicht nur viele Kanadier, sondern auch Lieferanten aus anderer Herkunft den Verkauf in die Staaten vor, und dann muss man sich rechtzeitig nach neuen Quellen als Ersatz umschauen. All diese Herausforderungen sind zwar anstrengend, aber sie machen das Geschäft auch spannend. Und, komischerweise, wenn Jörn Jensen eigentlich per Zufall durch die Kanzleistraße kommt, muss er daran denken. Der Doktor ist auch schon wieder seit vielen Jahren in Paris. Aber es gibt ja Telefone und wichtiger denn je, Handys. Und außerdem sieht man sich ja auch immer noch mal in Hamburg und mal in Paris.

Simon-von-Utrecht-Straße

Für eine Straße in Sankt Pauli ist diese Straße, die etwa parallel der Reeperbahn verläuft, nach einem Seefahrer benannt. Ihm wurden wahrscheinlich mehr Großtaten gegen die Piraten des beginnenden fünfzehnten Jahrhunderts zugeschrieben als historisch belegt. Jedenfalls hatte der gebürtige Holländer wohl als Kommandant einer der bewaffneten Koggen Hamburgs an dem letzten Kampf mit Störtebeker bei Helgoland teilgenommen. Zwischenzeitlich war er sogar in den Rat der Hansestadt gewählt worden. Und gut dreißig Jahre nach dem Kampf mit Störtebeker schlug er sich für Hamburg gegen die Strandfriesen von Weser und Ems. Das alles im Auftrag der Hanse, die ja, solange nicht der neue Run der Kapitäne von der iberischen Halbinsel nach Mittel- und Südamerika kam, das Herz des gesamten Fernhandels war. Und dabei spielte die bewaffnete Flotte der Hanse eben durchaus eine Rolle.

Gerade trafen sich in einem Wohnhaus dieser Straße zwei eher moderne Piraten. „Meine Kunden fragen immer wieder nach dem tollen Gras, das du ihnen für die Pharmazie geliefert hast. Die wollen mehr." „Sieht schlecht aus." „Geht aber nicht. Tu was. Der Rubel muss rollen. Ohne Ware läuft nichts mehr." „Und du weißt ja, die können dich jederzeit auffliegen lassen. Rasier dich. Wirf dir einen ordentlichen

Blazer über und los." „Das ist leichter gesagt als getan. Die Gärtnerei, die für uns angebaut hat, haben sie dichtgemacht." „Aber die hatten das Saatgut auch von irgendwo her." „Kümmere dich darum. Und schließlich können wir diesem Lieferanten ja auch mal stecken, dass wenn er nicht mitmacht, wir ihn auch auffliegen lassen können. Der hat schließlich den Anfang von dem Stoff geliefert." „Ich hab an der Quelle sogar eine gute Freundin. Die versucht da etwas für uns zu drehen. Dauert aber etwas. Soll schließlich nicht auffallen. Ich glaub nämlich sogar, dass auch schon bei denen die Polizei gewesen ist." „Mist, dann sieh zu, dass du etwas machst. Lange können die Leute nicht warten."

Boulevard Malesherbes

Wer gelegentlich den Zubringerbus vom Flughafen Charles de Gaulle in die Innenstadt benutzt, kommt über diese Einfallstraße. Ganz in der Nähe vom Park Monceau, wo sich die Straße schon deutlicher der Innenstadt nähert, versucht Aline mit einer Rechtsanwältin, Kontakt zu René aufzunehmen. Was Aline als Mischung aus Bruchstücken und Vermutungen beisteuern konnte, reichte für die Arbeit eines potentiellen Anwalts und Verteidigers nicht aus. „In diesem Fall werde ich mit diesem René besser selbst sprechen. Ich muss mich jetzt durchfragen, ob er vom Zoll oder eventuell doch der Polizei festgehalten wird und sehen, was ich tun kann. Was sie mir von dem Pilotengepäck erzählt haben, klingt allerdings nicht gut. Und vor allem: Stellen sie sich innerlich darauf ein, dass das Ganze Zeit braucht." Und während Aline nun gerade am Handy mit einer ihrer Kolleginnen die Lage – soweit sie das erzählen wollte – besprach, traf der Doktor ein. Anwältin Monique, die ihn lange und gut kannte zog ihn auf: „Mit was für Leuten umgibst du dich denn neuerdings. Da weiß ich ja gar nicht, ob das so gut ist, dass wir uns kennen." „Wieso?", spielt der Doktor den völlig Unwissenden „Ich weiß von gar nichts…" „Im Ernst, da scheint es mir nicht gerade um eine Lapalie zu gehen. Raubkunst und Schmuggel aus dem Iran und das bei den derzeitigen Beziehungen. Also du kannst der Frau schon einmal beibringen, dass das Ganze sehr kompliziert wird. Falls du ihr etwas beibringen willst...." „Von so etwas hätte ich heute Morgen auch noch nicht geträumt. Da saßen wir friedlich beim Frühstück in der Sonne. Wie wird denn der Fall so aus deinem Gefühl weitergehen?" „Ich weiß nicht. Ich werde wohl erst mal versuchen, den Knaben irgendwo sprechen zu dürfen, um dann zu sehen, was ich tun kann. Vor Morgen geht das sowieso nicht. Und dann sehen wir weiter." „Gib mir dann vielleicht einen kleinen Wink, damit ich weiß, worauf ich die Frau vorbereiten soll." Die letzte Bemerkung ließ der Doktor bewusst unbeteiligt fallen, um bei Monique nicht in den Verdacht zu geraten, hier an einer Art von Liebesdienst zu stricken.

Jetzt erschien auch Aline zurück von ihrem Telefonat. „Ich habe erstmal meiner Kollegin gesagt, dass René krank wurde und dass ich vielleicht etwas länger hierbleiben werde. Gehe ich recht in der Annahme, dass der Doktor hier ist, um mich einzusammeln…" So war es.

„Ich kenne hier in der Nähe ein kleines leidlich gutes Bistro, da könnten wir etwas trinken. Oder sollen wir uns lieber gleich Richtung Hotel bewegen?" Das letztere war gewünscht. Aline war durch diese Erfahrung mehr aus der üblichen Bahn geworfen. Da hatte René sich – aus Leichtsinn oder aus welchem Motiv auch immer – in eine wirklich brenzlige Situation gebracht und sie hatte zugeschaut, hatte immer diese geschmuggelten Tragetaschen gesehen und nichts unternommen , nicht einmal mit ihm darüber gesprochen… Sie fühlte sich schlecht, verängstigt und durcheinander. Als er sie vor dem Hotel zurücklassen wollte, sagte sie leise aber deutlich „Eigentlich möchte ich jetzt nicht allein sein. Das ist doch verständlich." Der Doktor begleitete sie auf ihr Zimmer. Dort angekommen legte sich Aline auf das Bett und bat den Doktor, sie noch ein wenig im Arm zu halten. Sie lagen lange Zeit schweigend da. Eine in jeder Hinsicht seltsame Situation. „Es ist alles so unwirklich. Da sind wir jetzt schon für Jahre zusammen. Ich hab mich daran gewöhnt, dass er sein Ding macht. Er kommt, wann er will und er geht. Ich weiß wenig über das, was er macht, wenn ich nicht dabei bin, wollte es auch besser nicht wissen. Eigentlich kennen wir vieles nicht voneinander. Ich war immer zufrieden damit, hatte mein Heim, meinen Platz bei der Arbeit, die Kolleginnen und ab und zu zu den interessanten Zielen mit ihm, der mich als Berufspilot mitgenommen hat, der mir interessante Ziele zeigen konnte…" sie machte eine längere Pause . ."und mich damit alleine lässt."

Der Doktor hatte Aline noch immer in seinem Arm. Draußen war es inzwischen stockdunkel und die Geräusche der Stadt nahmen ab. Erst ganz zart und dann immer deutlicher spürte der Doktor, dass Aline sich immer mehr an ihn schmiegte. Er spürte ihren Körper und ihre Nähe und er war auch nur ein Mensch aus Fleisch und Blut. Er beugte sich zu ihr und ganz zart begannen sie, einander zu streicheln und zu liebkosen. Der Doktor ließ sich darauf ein und Aline zeigte deutlich, dass sie nicht abgeneigt war. Und so kam es in jener Nacht zu einem dieser unerwarteten Kennenlernen und körperlichen Explosionen, die nach aller Erfahrung gerne dazu beitragen, das Leben durcheinanderzuwirbeln, komplizierter zu machen als es war und alle möglichen Fragezeichen aufzuwerfen. Aber dies zu reflektieren war in dieser Nacht niemand bereit. Es war vielmehr so, dass es hätte eine Art situativer Ablenkung sein können. Aline wurde leidenschaftlich und der Doktor ließ sich von ihren Emotionen mitreißen. Ob das Ganze nur ein Ventil für die Erlebnisse eines in jeder Hinsicht mysteriösen Tages sein sollte? Ob man beim Erwachen noch wissen wollte, was diese Nacht wusste? Ob man überhaupt schon am nächsten Tag wusste, wie es weitergehen könnte?

Jenischstraße
Die Straße, benannt nach dem Hamburger Senator im 19. Jahrhundert wie der gleichnamige wunderschöne Landschaftspark weiter an der Elbe, in dem sich die von Schinkel errichtete Villa, das Jenisch-Haus, noch heute

befindet. Während das Jenisch Haus in dem im Laufe der Zeit ständig weiter verkleinerten Landschaftspark befindet, führt die Jenischstraße weiter abseits der Elbe an dem sehr schönen, aber kleineren Botanischen Garten vorbei. Der Garten wurde später mit dem Engagement für Pflanzen von Loki Schmidt in Verbindung gebracht, ist aber groß genug, um sich in diesem vielfältigen Areal blühender Abwechslung an dieser Liebe zu Pflanzen und vor allem Blühendem zu erfreuen.

Hier ganz in der Nähe liegt die Wohnung von Jörn Jensen, der sich heute mit Helen in das Arbeitszimmer zum Garten zurückgezogen hat, um nun endlich einmal das lange anstehende Thema Superfood aufzuarbeiten. Helen hat sich dazu gut vorbereitet und vor allem zusammengestellt, was denn an Superfood für die Zielgruppe so im Gespräch ist.

„Fangen wir mal ganz volkstümlich an. So ein Supermarkt wie Edeka sagt, dass für Zutaten, die auch an sekundären Pflanzenstoffen sind, wie Heidelbeeren und Grüner Tee dazugehören, ferner Produkte reich an Antioxidantien und Vitaminen wie Gojibeeren, alles mit viel Mineralstoffen wie auch Macca, eine Pflanze aus den Anden, Matcha, das ist wiederum ein Pulver aus einer Art grünem, Tee, mit wertvollen Fettsäuren wie Chia – also, das alles nennen die Superfoods. Und die Frauenzeitschriften zählen das im Grund ähnlich auf, die nennen unter der Bezeichnung „Grünes" noch Löwenzahn und Algen, dazu bekannte Nahrungsergänzungsmittel wie Spirulina und Chlorella, aber auch Gerstengras, Moringa, Matcha und Gekeimtes. Beim Obst nennen sie Gojibeeren, Heidelbeeren, Açai, Acerola, Maulbeere, Granatapfel, Aronia, um nur einige zu nennen. Unter den Samen rangieren Hanf und Chiasamen weit vorn, obwohl Leinsamen eine im Wert ähnliche Zusammensetzung hat. Zu den wichtigen Wurzeln werden Ingwer und Kurkuma gerechnet und schließlich nennen die dann noch Baobab und Carob…."

„Das allein ist ein tagefüllendes Programm wagte Jörn einzuwenden." „Ja und wir sollten natürlich einmal schauen, in welchen Bereichen wir überhaupt noch besondere Stärken entwickeln können und was bereits durch bestehende Angebote schon reichlich abgedeckt ist." „Zum Teil ein Job für den Einkauf. Und natürlich können wir auch nur das machen, was in unsere Logistik passt. Keine Kühlung und im Moment auch nicht gefriergetrocknet." „Ja und um die Freude komplett zu machen, solche Ware möchten die meisten auf jeden Fall natürlich angebaut, aber noch besser gleich in nachgewiesener Bioqualität." „Dachte ich mir, das gibt richtig Arbeit für die Qualitätssicherung. Da muss erst einmal gecheckt werden, was hier alles zu einer sicheren Spezifikation dazugehört." Da waren eine Menge von Hausaufgaben zu verteilen, etwas was die bestehenden Lieferanten für solch eine Liste beisteuern können, wie das preislich liegt und wie man dem Wunsch von ursprungsnahen Bezugsquellen näherkommt. „Bis das alles steht, muss noch eine Menge passieren. Aber wenigstens hast du uns jetzt schon mal eine Aufgabenliste zusammengestellt. Dazu wäre während der laufenden Arbeit sonst niemand gekommen. Und wenn wir wissen, was wir davon sinnvoll beschaffen können, dann musst du für uns natürlich dringend aufarbeiten, wie wir das unseren normalen Kunden möglichst lockend darstellen und ihnen sagen, was sie damit anfangen können." Aber sie wussten natürlich beide, dass das sowieso Helens Spezialität war.

Und während sie noch brütend über ihren Ansätzen saßen, kam ein Anruf aus dem Büro. „Sorry Chef, dass wir bei der Arbeit stören. Die Leute vom Pickhuben-Lager sagen gerade, dass eine der Außentüren ihnen komisch vorkäme. Sieht fast nach einem Einbruchsversuch aus. Was sollen wir machen?" „Also erst einmal nichts mehr anfassen. Dann aufpassen, dass alles gesichert ist. Ich befürchte, wir müssen das der Polizei melden, schon allein wegen der Versicherung." Also erst einmal Schluss mit der Zukunftsaufbereitung. „Und ich ahne auch schon, was die von außen dort wollten." „Was gibt es denn schon für Einbrecher Interessantes in solch einem Lager?" „Da suchen einige Idioten offenbar Hanfsamen für ihre Cannabiszucht, Ich habe da so etwas im Gefühl. Genauer gesagt, ich weiß, dass wir möglicherweise

Kriminelle durch unsere eigene Dusseligkeit erst auf die Idee gebracht haben." Und dann erzählte Jörn ihr seine Laborentdeckung von den nicht ganz verzehrgerechten Hanfsamen, die er in den Rückstellmustern noch gefunden hatte. „Man muss wirklich alles tun, dass wir uns nicht selbst ans Messer liefern. Du siehst, das ist der Alltag. Kaum willst du einmal etwas mehr über den Tellerrand blicken, schon entdeckst du wieder, dass im Hinterzimmer etwas gewaltig schiefläuft. War trotzdem wichtig, was wir heute angefangen haben und wir machen da auf jeden Fall weiter Ich bin, froh, dass ich Dich habe." Und mit dieser Bemerkung, die ganz sicher nicht nur auf die vorgearbeiteten Listen zu beziehen war, machte er sich auf den Weg in die Firma, um sich dort dem Alltag zu stellen.

Dietmar-Koel-Straße

Die Straße, in der sich bis heute die skandinavischen Kirchen Hamburgs befinden. Einige von ihnen sehen von außen gar nicht aus wie Kirche, wie etwa die schwedische, die in einer Art Wohnhaus liegt und in ihrem Inneren trotzdem veritable Kirchenräume hat. Öffentlich wird die Existenz dieser Kirchen vor allem jährlich Mitte November, wenn hier die skandinavischen Weihnachtsmärkte stattfinden. Früher war das ein Geheimtipp, inzwischen finden wahre Völkerwanderungen statt. Die nach einem Hamburger Bürgermeister aus der Zeit der Renaissance benannte Straße ist das Zentrum des Portugieserviertels, ein Viertel, in dem maritimes Zubehör und Dienstleistungen zu finden sind. Jörn Jensen hat hier seinen Spezialisten, der sich mit den Beschlägen und Materialien für die Speicherstadt auskennt, in diesem Fall ein schon seit zwei Jahrzehnten in Hamburg hängengebliebener Iraner.
Ausländer dieser Couleur haben in einer Hafenstadt wie Hamburg eine etwas andere Bedeutung als solche in Köln oder Berlin. Sie sind hier ursprünglich oft ein Bindeglied zu Waren und deren Ursprung. Über den Teppich- und Gewürzhandel blieben immer wieder Menschen aus dem

mittleren Osten und aus Asien hier. Ohne sie wäre in der Speicherstadt vieles nicht denkbar gewesen. Arun kam ursprünglich aus dem Nordiran, nein kein Nachfahre des Kalifen Arun al Rashid, aber ein geschickter Handwerker, der sich noch mit alten Techniken auskennt, Lösungen für das Verschließen alter Schote und Hafenspeicher kennt und der eben auch Jensen hilft, wenn in der Speicherstadt ein Schloss eingebaut werden soll. Er hat sich die Stelle angeschaut, wo offenkundig mit gewissem Erfolg versucht wurde, das Lager im Pickhuben aufzubrechen. „Das waren Anfänger. Die kannten sich gar nicht aus. Wenn die gewusst hätten, wo die Befestigungspunkte sind, hätten sie das Schloss leichter auf gehabt. Wussten die aber nicht .. Wenn sie mich fragen… die wollten ganz schnell an irgendwas, haben aber da rumgemacht wie die Junkies. Da haben die richtig Glück gehabt, dass die überhaupt an ihr Ziel kamen. Wir werden jetzt an der einzigen Stelle, wo´s geht, einen zusätzlichen Riegel anbringen und dann werden sich alle Künftigen die Zähne daran ausbeißen." Solche Lösungen liebte Jörn Jensen. Er hatte den Fall der Polizei gemeldet. Denen war es immerhin gelungen, um den Bereich, an dem sich die „Besucher" zu schaffen gemacht hatten, ein paar Fingerabdrücke zu sichern, machten ihm aber trotz der inzwischen wesentlich verbesserten Aufklärungsquote bei solchen Delikten keine übertriebenen Hoffnungen auf eine schnelle und totale Aufklärung. Also war Selbsthilfe der wichtigste und erste Schutz vor weiterem unerwünschtem Besuch. „Und wissen sie denn inzwischen auch, was die mitgenommen haben?" „Wenn ich es richtig sehe, dann waren das in erster Linie wohl gut dreißig Kilo Hanf." „Arun pfiff durch die Zähne. Cannabis… wer gibt sich denn noch damit ab? Das ist ja total aus der Uralt-Kiste. Das war alles andere als der Trend. Und die haben die dann auch wohl noch Fuß zu Fuß weggeschleppt. Ich sag´s doch: Anfänger, oder Ewig-Gestrige."

„Eigentlich haben wir so etwas lange nicht gehabt. Schon gar nicht in der Speicherstadt. Aber seitdem dort immer mehr ganz andere Gewerbe einziehen, hat man den Überblick verloren." „Wohl wahr. Und außerdem sind ja solche Sachen wirklich kleinste Fische. Da gibt es viel lohnendere Dinge, wenn man richtig Geld machen will." „So, so" scherzte Jensen, „Das würde ich ja auch noch gerne wissen, Dann müsste ich vielleicht weniger arbeiten fürs Geld." „Ich sage nur Raubkunst. Was da zurzeit an echten und weniger echten Dingen zwischen Teppichen so alles über die Elbe kommt. Sind zum Teil heiße Sachen. Aber ich kenn mich da nicht aus. Und außerdem lass ich natürlich die Finger davon. Aber man hört so einiges. Da sollen ganze Clans dahinterstecken. Mit denen will ich sowieso nichts zu tun haben. Das kann unangenehm werden, falls sie wissen, was ich meine…" Es war immer interessant, sich mit einer derart fremden Welt zu unterhalten. Und da konnte man froh sein, wenn man mit solchen Sachen nicht allzu eng in Berührung kam. Aber wie schon bemerkt, für Jensen eine fremde Welt, mit Ideen, auf die er bestimmt nicht gekommen wäre.

Rue de Buci

Aline und den Doktor zog es nach dem späten Aufwachen aus dieser ungewöhnlichen Nacht erst einmal aus dem Hotel, um in jeder Hinsicht Abstand zu gewinnen. Der Doktor ließ sie jetzt besser nicht alleine und so landeten sie wie zwei der üblichen Touristen des Viertels beim morgendlichen Kaffee bei Paul, dessen Backwaren seit einigen Jahren nicht nur die Hauptstadt, sondern das ganze Land erobert hatten. Die Umstände waren in jeder Hinsicht ungewohnt. Nicht, dass Aline es nicht beherrschte, mit einem Mann gemeinsam zu übernachten. Aber die ziemlich behelfsmäßige morgendliche Toilette, die kleinen Handgriffe für jemand, der ohne Gepäck in diesem Zimmer gestrandet war. Zum Glück waren da ja einige Dinge von René. Und über manch einen Mangel musste man an einem Morgen wie diesem schlicht hinweg-sehen. Man traf sich, während der Kaffee langsam die Sinne wieder zum Leben erweckte auf sehr neutralen Gebiet. „Vor zwölf brauchen wir wohl gar nicht zu versuchen, bei Monique anzurufen. Und falls die früher etwas Wichtiges wüsste, würde sie sich ohnehin melden. Ich muss heute Morgen nur einmal kurz zwischendurch bei Jensen in Hamburg anrufen. Bei dem hatte ich versprochen, mich wegen der Messe zu melden. Darf ich das kurz?" „Aber natürlich", sagte Aline und warf ihm einen dankbaren Blick zu, „ich bin froh, dass ich mit all dem nicht ganz alleine bin...."

Und so erreichte der Doktor Jörn. „Wie es so geht,   der übliche kleine Ärger zwischendurch. Die hatten versucht, zwischenzeitlich bei mir den Lagerschuppen zu entern. Haben GottseiDank wenig erreicht..." „Überall die Kriminellen" „Wieso, bei Dir auch?" „Muss ich ein anderes Mal ausführlich erzählen. Ich wollte nur kurz sagen, dass ich euer Hotel für die Messe gescheckt habe, die Zimmer liegen sicher nach hinten raus. Wer kommt da überhaupt mit?" „So so Helen... kenn ich die? Aus der Firma? Ach so..., da musst du mir auch mehr erzählen. Wie von einer Art, Geld ohne viel Arbeit, davon hat mit die Tage der Tüftler aus der Werkstatt erzählt." „Ja, das wüssten wir doch alle gern. Da müsste keiner mehr ins Büro. Erzähl, ich geb auch einen Wein aus."

„Der ist Iraner, der kennt die Szene, die machen zur Zeit viel in Kunsthandel. Was so die einzelnen Clans während der Beutezüge im Bürgerkrieg erbeutet haben..." „Oh je, dazu kann ich dir demnächst mal eine Menge mehr sagen..." „Man hört sich" Das klang nun wirklich so, als könne das Pariser Schicksal von Aline entfernte Wurzeln in Hamburg haben. Viele delikate Themen, die für Mithörer – noch dazu in diesem Moment – wenig geeignet waren. Aber die beiden Freunde kannten einander und ihren Humor und deshalb konnten sie damit gut umgehen. Außerdem musste der Doktor jetzt erst einmal sehen, wie Aline an bessere Informationen über René und den Mitreisenden kommen könnte. Ein weiterer Kaffee half, die Zeit und das Schweigen zu überbrücken. In Aline arbeitete es. Das waren die Situationen, die sie gar nicht liebte, weil einfach so etwas nicht entfernt in ihre Welt passte. Natürlich, sie hätte früher dazu etwas fragen können, aber die wichtigere Frage war doch, warum René überhaupt so etwas machte? Kitzel?

Sport? Leichtsinn? Oder brauchte er am Ende Geld? Ihre Gedanken kreisten darum. Sie hätte nie behauptet, dass sie René absolut kennt. Aber solche Abgründe?

Dann endlich meldete sich Monique mit einem Zwischenbescheid. „Also diesen zweiten, von dem sie mir sagten, er sollte der Experte sein, den haben sie gleich dabehalten. Darüber erfahre ich hier natürlich auch gar nichts. Das ist natürlich erst einmal schlecht für ihren René, denn der war schließlich mit ihm zusammen. Es wird dauern und ich bin fast der Meinung, dass es jetzt überhaupt keinen Zweck hat, zu warten. Das kann hier noch Tage dauern und wenn ich René in der Hektik richtig verstanden habe, sagte er etwas von Koffer aufräumen und heimfahren." Alles sehr merkwürdig.

Place du 11 Novembre 1918

Der Doktor, der manchmal auch reichlich praktisch denkend war, schlug vor, dass man sich im Hotel noch einmal den Schlüssel für das zweite Zimmer geben lässt, auscheckt und dann tatsächlich dem Rat der Anwältin folgt. Im Hotel sagten sie, dass die beiden anderen Herren schon abgereist seien und bäten, noch ihre Reste zu versorgen. Im Zimmer des Mitreisenden war die Kleidung offenbar schon am ersten Tag weggeräumt worden. Allerdings stand noch eine schlaffe Reisetasche mit einem gut eingewickelten Bündel da. „Ich schlage vor, wir lassen die Reisetasche im Papierkorb und packen dieses Bündel ungeöffnet in den gemeinsamen Koffer." Also den Koffer von René und Aline, den sie jetzt packten und danach gemeinsam zum Gare de l´Est brachten. Dort besorgten sie das nächstmögliche TGV-Ticket für Aline nach Deutschland. Am Gare du Nord fahren die Züge nach Holland und Köln, am Gare de l´Est die nach Frankfurt und Stuttgart, jeweils über Strasbourg und das Elsass hat für die Gestaltung dieses Bahnhofs auch kräftig Pate gestanden. Von hier wurden im deutsch-französischen Krieg 1870/71 und später im ersten Weltkrieg die französischen Soldaten zu dem verlustreichen Fronteinsatz verabschiedet und heute ist ausgerechnet dieser Bahnhof die wichtigste Verbindung nach Deutschland. Nur die darunterliegende Metrostation trägt noch den Zusatz Verdun in Erinnerung an den Ort verlustreicher Schlachten zwischen den beiden Nationen. Noch war viel Zeit bis zum Zug und da wollte der Doktor Aline nicht alleine lassen. „Was wird jetzt geschehen…" „Ich weiß es nicht. Aber ich glaube, dass ich viel nachdenken muss. Das ist keine Kleinigkeit. Selbst wenn wir alle heil aus der Sacher herauskommen, weiß ich noch nicht, was dann…" „Dieser Tag hat mich einiges gelehrt", setzte sie erneut an. „Ich werde mich sicher melden, aber ich weiß noch nicht, wann…" Der Doktor schwankte, wie er sich verhalten sollte. Er hatte zwischenzeitlich schon mit dem Gedanken gespielt, Aline vorzuschlagen, diese ganze Nacht zu vergessen. Aber sollten sie das wirklich? Wenn er sie so sah, bekam er mehr den Eindruck, dass sie aktuell darüber nachdachte, sich von René zu lösen. Aber trotz des reizvollen Gedankens an diese zweifellos attraktive Frau musste er erkennen, dass er eigentlich so gut wie nichts über Aline wusste, wie sie lebte und ob ihre Lebensverhältnisse ein Ende dieser Beziehung erlaubten. Verheiratet waren die beiden augenscheinlich nicht, aber sie lebten offenkundig schon geraume Zeit zusammen. In wessen Wohnung lebten sie? Oder besaß jeder noch eine eigene? Fragen, die sich der Interessierte vielleicht stellt, die aber in dieser Situation keinen Platz haben. „Kann ich noch irgendetwas tun?" „Hier jetzt nicht, aber ich wäre froh, ich würde über diese Anwältin erfahren, was wirklich Sache war bei diesem Zwischenfall… Ich muss es wissen… Es ist wichtig für mich." Der Doktor brummte etwas von anwaltlicher Schweigepflicht, aber er werde es versuchen. Jetzt, da auch für ihn sehr viel davon abzuhängen schien, hatte er schon eine ungefähre Idee, wie er es anstellen könnte.

Über eine aktuelle und naheliegende Befürchtung sprach er lieber mit Aline nicht. „Was wäre, wenn die Behörden sie vielleicht als mögliche Mittäterin oder Zeugin auch noch festhalten würden? Was würden sie denken, wenn sie das Gepäck von Aline untersuchten? Und so war er erst etwas beruhigter, als der Zug tatsächlich aus dem Bahnhof fuhr, obwohl er natürlich auch wusste, dass Behörden im Zweifelsfalle auch über Grenzen hinweg zusammenarbeiten. Aber man muss eben auch manchmal etwas Glück haben. Und davon träumte der Doktor für sich natürlich auch. Ausgesprochen versonnen kehrte der Doktor endlich diesem symbolträchtigen Bahnhof den Rücken. War dieser Abschied nun der Auftakt zu seinem persönlichen Verdun oder das Tor zu einem neuen Lebensabschnitt. Kaum, dass Aline abgefahren war, träumte er davon, sie doch vielleicht wieder in seinen Armen zu halten. Die Erinnerung an eine magische Nacht stieg in ihm auf. Er tat gut daran, alles Weitere für sich zu behalten.

Shanghaiallee
Die Hafencity ist eben noch Neuland und so sieht es trotz aller Chic-Effekte eben auch aus. Eine ganze Reihe von Adressen sind schon bezogen. Jörn Jensen will einen Neukunden besuchen, ein Start-Up mit innovativen Getränken und die suchen natürlich all die Zutaten, über die er schon mit Helen nachgedacht hatte. Und einige dieser Pläne waren ja auch bereits relativ schnell umzusetzen gewesen. Selbst wenn es mehr Mühe bereitet, er wollte auch den Teil der besprochenen Pläne umsetzen, die von der Betreuung und Beratung handelten. Und diesmal wollte er es bewusst selbst tun, um die entsprechenden Erfahrungen zu machen und die Ergebnisse sozusagen als Versuch beurteilen zu können.
So saß dann der gestandene Importeur und Kaufmann in einem stylischen Besprechungsraum zwei „Gründern" gegenüber. „Start-Up" und „Gründer" waren die magischen Worte, die unter Investoren, Geschäftspartnern, selbst Handelsketten und anderen soliden potentiellen Partnern das Leuchten in die Augen trieben, nur nicht gerade den Banken. Die machten ihre Geschäfte lieber mit den seit Jahren berechenbaren Partnern und selbst dort eher gebremst. Heute stand ein Bier mit ungewöhnlichen Zutaten auf der

Tagesordnung, es hätte in dieser Szene auch durchaus ein Gin oder eine Limonade sein können. Die Themen waren ähnlich: Super klingende Zutaten zu einem möglichst noch bezahlbaren Preis und gerne Konditionen, die einem „Gründer" entgegenkommen. Schließlich erwartet man ja eine glänzende Zukunft. Oder manchmal dummerweise das Eingeständnis, dass eine solche Idee nach dem ersten Hype dann doch nicht gefragt wurde. Da man aber nie im Voraus weiß, wo es hinläuft beschäftigte sich Jörn Jensen sachkundig und entgegenkommend mit dem Fall. Und wenn man ehrlich ist, lernt man dabei ja auch eine ganze Menge dazu.Neben der Begeisterung für das Neue sah Jörn Jensen natürlich die ganze Improvisation eines solchen Anfangs. Wollte er das für sich selbst so erleben? Er war gerade froh, dass es in seiner Firma augenscheinlich etwas normaler lief. Also konnte er sich heute auch – da er sowieso in der Gegend war – die Zeit nehmen, einmal bei Helen hineinzuschauen. Er fand sie in einem zweifellos geschmackvoll ausgestatteten, aber einem deutlich realistischer dimensionierten Büro als bei den „Gründern", die er gerade besucht hatte.

„Na, ganz alleine?" „Ja, die Kolleginnen sind bei einem Workshop, da musste ich nicht hin…" Er erzählte ein wenig von den letzten Begegnungen. „Ich bin froh, dass ich nicht mehr so ganz am Anfang stehe…." Und während er das aussprach, merkte er, dass er das nicht nur geschäftlich meinte. „Nein, ich bin auch sehr froh, dass wir beiden vielleicht wieder einen mehr gemeinsamen Weg finden und das nicht nur im Geschäft. Ich habe einfach gemerkt, dass es sehr schön ist, dich an meiner Seite zu wissen."

Helen beschloss, dies als den Versuch einer Annäherung zu sehen. „Der gute Jörn, immer ein wenig hölzern, aber er meint es ehrlich. Manchmal hat das auch sein Gutes. Und außerdem sind Frauen wie ich ja auch nicht immer ein leichter Fall", dachte sie so vor sich hin. Aber so ganz ungeschoren wollte sie ihn dann doch auch nicht wegkommen lassen. "Was ist jetzt eigentlich mit Venedig?" „Ja in der Tat, das wollte ich dich fragen, ob das vielleicht

direkt vor der Messe in Paris oder danach besser wäre?"
„Klare Antwort: Natürlich davor, denn erstens wird das Wetter
im Laufe der Zeit auch nicht besser und zweitens schätze
ich, dass du nach der Messe viel Arbeit und keinen richtigen
Sinn für einen Liebesurlaub hast." Da hatte sie vermutlich
recht. „Also, dann sieh mal zu, dass du für uns noch einen
freien Palazzo am Canale Grande findest, du weißt, schon,
so einen, wie der Commissario im Fernsehen mit Terrasse
über dem Wasser und so", neckte sie ihn. „Aber genau, das
ist es doch, „du willst doch eben auch, dass ich nicht dauernd
wie dieser Brunetti durch Abwesenheit dank Job bei dir
glänze", gab er ausgesprochen schlagkräftig zurück.
Eigentlich ein durchaus positives Vorzeichen für Venedig und
Paris, denn natürlich hat es immer etwas in sich Delikates,
wenn ein Paar, das sich bereits seit Jahren bestens kennt,
nach zwei Jahren der Funkstille einen neuen Anlauf nimmt.

Parc Monceau
Statt den Versuch zu unternehmen, sie telefonisch um
Details zu bitten, verabredete sich der Doktor lieber mit ihr in
einem kleinen Restaurant nahe der Kanzlei. „O.K. da hast du
mir eine Klientel gebracht, die ist auch nur bedingt mein
Metier und meine Kragenweite. „ „Wieso?" gab der bewusst
unschuldig zurück „das waren doch wohl alles eher
Missverständnisse." „Missverständnisse, wäre mir neu, dass
mein und dein jetzt ein Missverständnis wird. Also der eine,
der Gott-sei-Dank nicht mein Mandant ist, der hat sicher
richtig Dreck am Stecken. Hehler für einen Hamburger Clan
aus dem Iran mit uralten Kunstschätzen, die im Verlauf
dieser ganzen Unruhen offenbar – natürlich illegal - außer
Landes gebracht wurden. Irgendwo scheint das über den
Hamburger Hafen gelaufen zu sein. Und der andere, der
hängt da irgendwie mit drin als Hehler, Kurier oder sonst
etwas. Und dann haben wir hier auch noch eine aufgebrachte
Familie von Kunstsammlern, denen das Ganze zunehmend
verdächtig vorkam und daraufhin zu einer Verabredung mit
diesen Herrschaften die Polizei benachrichtigt hatten. Wenn

ich Glück habe, bekomme ich den in einigen Tagen gegen Kaution frei. Der hat wenigstens keine Vorstrafen und war auch sonst noch nicht auffällig….. Was hast Du eigentlich mit denen zu tun?" „Wirklich nur eine Zufallsbekanntschaft. Ich habe die zwei bei einem Medienevent kennengelernt, sie hatten zufällig ein Hotel bei mir um die Ecke…"
„Und gib es zu, die Dame hat dir gefallen." „Nun, schlecht sieht sie nicht aus, aber das war nicht unser Thema. Ich hatte sie zufällig getroffen, als sie von der Misere erfuhr. Und da habe ich schlicht geholfen." „So so, geholfen." „Ich bin froh, dass das nicht etwa Kunden von mir waren oder so." „Als deine Anwältin kann ich dir auch nur raten, dich von solchen Menschen und ihren Machenschaften weit fern zu halten."
„Musst du jetzt etwa fürchten, für deine Arbeit nicht bezahlt zu werden?" „Das nicht, da hat sich doch tatsächlich jemand Finanzkräftiges bei uns gemeldet, der behauptet, dieser René würde ihn regelmäßig fliegen. Und der wollte sofort für die Kaution und Unkosten eintreten. Wenigstens von der Seite ist alles im grünen Bereich. Aber die wollen ihn natürlich auch frei haben."
Der Doktor wusste genau, dass das jetzt schon das Äußerste war, das Monique nach Abgleich mit ihrem anwaltlichen Gewissen bereit war, ihm zu erzählen. Folglich wechselte er zwar durchsichtig aber geschickt das Thema. „Wollten wir nicht zusammen – um zu einem angenehmeren Thema zu kommen – in dieses Konzert gehen? Wir sprachen doch darüber und du wolltest nach meiner Erinnerung nach den Karten schauen." „Da muss ich dich nun leider enttäuschen. Ich musste feststellen, dass ich zu dem Termin überhaupt nicht in Paris bin. Schade." „Dafür habe ich aber jetzt wirklich was gut", scherzte der Doktor. „Einen Drink vielleicht, aber bestimmt nicht wieder so komische Dinge wie mit den Knaben…" „Aber der Drink ist notiert. Vielleicht übernimmst du den Drink und ich das Essen…" Er war einfach charmant und das setzte er in diesem Fall sehr gezielt für einen guten Zweck ein. Schließlich hoffte er, mit solchen Informationen den Kontakt zu Aline vielleicht etwas besser aufrecht erhalten zu können. Konnte ja ein Versuch sein.

Paris zu Fuß

Vom Quai d´Orsay zu einem Bummel durch Saint Germain

Ein schöner Start ist zum Beispiel die Pont Alexandre III.
Auf dem linken Seineufer können sie über die Esplanade
rund um den Invalidendom einen Blick auf das Museum für
Zeitgeschichte werfen.
Folgen sie danach weiter dem Quai d´Orsay, dann
kommen sie am Palais Bourbon und der
Nationalversammlung vorbei.
Über den Quai Anatole France erreichen Sie das Musée
d´Orsay. Das Museum - vor allem bekannt durch seine
Sammlungen zur Malerei der Neuzeit – befindet sich in
einem früheren Bahnhof, dessen weitgehend original
erhaltene Halle heute durch imposante Plastiken verschönt
wird.
Gegebenenfalls auch erst nach einem Museumsbesuch
suchen Sie jetzt gerne einen Weg über die der Seine
abgewandte Seite zur Rue de l´Université, der sie ein Stück
durch das Galerienviertel folgen, welches zum Charakter
und Feeling des Rive Gauche gehört.
Wenn sie rechts in die Rue de Bac einbiegen würden,
kämen sie zu einem der Alten Kaufhäuser, dem Bon
Marché, wenn sie durch die Rue Bonaparte bevor die
Straße in die Rue Jacob übergeht, nach rechts einbiegen,
erreichen sie nach kurzer Zeit eine der ältesten Kirchen
der Stadt, in der der Bischof Saint Germain aus dem
sechsten nachchristlichen Jahrhundert begraben liegt. Ein
Besuch dieser Kirche lohnt auf jeden Fall.

Gegenüber befindet sich das Café Les Deux Magots und wiederum gleich daneben am Boulevard Saint Germain das ebenfalls bekannte Café Flore.

Ein Blick in die Rue de Rennes zeigt ihnen sofort den Tour Montparnasse im Hintergrund. Am unmittelbaren Anfang der Rue de Rennes finden sie einige nette Geschäfte.

Folgen sie dann aber besser der Rue Bonaparte bis zur Kirche Saint Sulpice. Wenn man sich vor der Kirche etwas links hält, erreicht man über die die Rue Lobineau den Carrefour de l´Odéon, ein kleines Markt- und Einkaufszentrum, um das herum befinden sich auch einige Restaurants.

Über die Rue de Tournon erreichen sie nach rechts dann den Jardin du Luxembourg und – falls sie vor Erreichen des Parks links abbiegen - das Odéon-Theater, in dem etwa zu seligen Zeiten die Legende Sarah Bernard ihre frühen Auftritte hatte.

Über die Rue de l´Odéon erreichen sie kurz vor dem Boulevard Saint Germain ein Areal mit netten Restaurants und Cafés und falls sie dér Straße dann über den Boulevard Saint Germain hinaus folgen, finden sie auf der rechten Seite das bekannte Restaurant Le Procope, das auf eine über 250jährige Geschichte und auf legendäre Geschichten aus der Zeit um die Französische Revolution zurückblickt.

Rue Balard

Der Doktor ist noch bei der deutsch-französischen Handelskammer verabredet, weil er im Vorfeld der Messe gerne wissen möchte, ob sich hier vielleicht im Vorfeld noch ratsuchende deutsche Firmen gemeldet haben. Außerdem hofft er, einen befreundeten, in der Kammer angestellten Juristen zu treffen. Um in die Rue Balard zu gelangen lässt man – sofern man aus Richtung Saint Germain kommt - den Eiffelturm und das Champ de Mars noch ein Stück hinter sich. Ein Stück weiter findet man den Park André Citroén, dessen Attraktion eine in die Höhe fahrend Plattform ist, von der man immerhin einen gewissen Blick über Paris hat. Für alle, denen das ewige Anstehen oder Vorbestellen von Karten für den Eiffelturm zu lästig oder aufwändig ist, ein kleiner und einfacher Trost.

Aber all das nimmt der Doktor, der die Route zur Handelskammer jetzt schon wahrlich wesentlich öfter nahm, eigentlich nicht mehr wahr. Derartige Handelskammern sind heute immer mehr tendenziell Wirtschaftsbetriebe, die ihre Dienste zahlenden Mitgliedern gegen Geld anbieten und gelegentlich dann mit Firmen wie der des Doktors zusammenarbeiten, wenn die ihnen im Gegenzug nützliche Dienste erweisen können. So bietet sich der Doktor gelegentlich als Pfadfinder für Ratsuchende für den Schritt nach Frankreich an und erhält im Gegenzug dann die eine oder andere Information. Der ersehnte Jurist hatte noch einen Termin, schlug aber vor, dass man sich nachher im Café treffen könne. Das war dem Doktor sehr recht, denn seine Nachfrage passte nur bedingt in das offizielle Büro. Er wollte nämlich zu gern wissen, wie die französische Justiz mit verdächtigten deutschen Landsleuten verfährt. Also eine rein vorsorgliche Nachfrage. „Nun, wenn da ein Geschädigter in Frankreich seine Rechte geltend macht..."

Aber dazu war es ja nicht gekommen, da der Kunstsammler bei dieser Aktion ja offenkundig dem Schaden insofern entronnen war, da ihm die ganze Sache dann irgendwann verdächtig vorkam. „Bleibt also noch die Raubkunst. Wieweit dem Hehler in diesem Fall eine wirkliche Mitschuld nachgewiesen werden kann??? Was ich tun könnte, ich könnte mich einmal so en passent beim deutschen Konsulat erkundigen. Der hat doch einen deutschen Pass? In dieser Hinsicht funktionieren die Netzwerke hier in der Stadt immer noch ganz gut..." In diesem Bereich nahm der Doktor jede Unterstützung dankbar an. Als die Herren sich gerade verschiedet hatten, klingelte sein Handy. Es war Aline. Die erste Nachricht war erst einmal in jeder Hinsicht positiv: Sie war in Deutschland. Niemand aus irgendeiner Behörde hatte sich in der Zwischenzeit bei ihr gemeldet, will sagen, sie stand also nicht im Fadenkreuz irgendwelcher Nachforschungen. Und was René angeht, da hatte sich bei ihr inzwischen tatsächlich sein wichtiger Kunde, den sie von einigen gemeinsamen Flügen kannte, gemeldet und nach den Kontaktdaten der Pariser Kanzlei sowie einigen Äußerlichkeiten gefragt. Mit allen anderen Fragen blieb sie allein.

Der Doktor versorgte sie folglich nach bestem Wissen mit weiteren Informationen. Dazu hatte er noch etwas, das er aber am Telefon nicht ausbreiten konnte: „Mein Hamburger Freund, der demnächst hier zu uns nach Paris auf die Messe kommt, hat ein paar ganz interessante Hinweise, die ziemlich sicher zeigen, dass der Ursprung dieser ganzen Sachen wohl in Hamburg liegt." Das hatte ja Aline auch schon gemerkt, dass das, was René da hin und her getragen hatte, von ihm mit hoher Wahrscheinlichkeit aus Hamburg abgeholt wurde. Und zwischendurch, vor dem unglücklichen letzten Besuch in Paris, war René auch wieder in Hamburg gewesen. Soviel wusste sie. Und noch immer hatte sie den Inhalt des verschnürten und verpackten länglichen Pakets, welches sie seinerzeit mit dem Doktor zur Sicherheit in Renés Koffer gepackt hatte, auch weder angeschaut noch geöffnet. Für sie gehörte das einfach zu Renés Sachen und die ließ sie in seinem Koffer.

Rue de l´Université

Er war aufgewühlt und weder mit sich noch mit der augenblicklichen Situation zufrieden. Als erwachsener Mann musste er sich nun aber in das fügen, was im Moment nicht veränderbar war. Aline war zurückgereist, ihr Lebensgefährte in Paris offenbar noch in Untersuchungshaft. Aline musste ihrem Alltag und ihrer Arbeit nachgehen. All das sollte man akzeptieren. Gern hätte er wie ein Pubertierender schon dagegen rebelliert. Aus erwachsener Sicht: sinnlos. Wo sollte er mit seinen Gefühlen und Träumen hin. Zu dem Glas Wein im Bistrot ließ er sich noch Papier und Stift geben:

Dies sind die Zeilen eines Wahnsinnigen,
der nicht mehr anders kann.
Ich habe etwas gebraucht, um zu merken,
dass es wohl Liebe ist und diese Liebe gilt
dir, Aline

Ich habe versucht, es mir zu verbergen,
auch vor dir zu verbergen, es geht nicht.
Nie zuvor wäre ich für einen anderen
Menschen bereit, selbst all meine geliebten
Gewohnheiten hier in Paris zu verlassen,
und dir zu folgen,
ich bin liebeskrank wie ein Pennäler, aber
ich habe die Energie eines erwachsenen
Mannes und der möchte Dein sein.

Ich weiß sehr wohl, dass ich mit dieser
Eröffnung in der Lage bin, alles zu
verlieren an Träumen, an zarten
Hoffnungen, an aufkeimender Zuneigung
- aber ich möchte alles gewinnen.

Über Liebe kann man nicht verhandeln, sie ist da und man kann sie annehmen oder nicht
Ich möchte vielleicht auch alles für dich tun – wichtiger: ich möchte alles für dich sein.

Sollte es in deinem Leben einen Platz für mich geben, lass es mich wissen.

Wenn das Herz spricht, können Logik und Ratio nur noch zuhören.
Mag sein, dass ich wie ein Verrückter klinge, aber mir ist es ernst.
Nie zuvor, war ich so bereit, diesem Ruf zu folgen und bedingungslos das zu tun, was die Liebe mir sagt.

Ich will für dich da sein und wäre glücklich, wenn du diese Gefühle erwidern würdest.
Ich kann im Moment nur eines fühlen und denken: DU

Welch ein verrückter Abend! Lange schaute der Doktor auf den Zettel. Er fotografierte ihn mit dem Handy, schrieb ihn schließlich ab. Als er zahlen wollte, war sein Weinglas immer noch erst halbleer. Er fühlte sich elend. Nichts schmeckte. Er musste sich eingestehen, dass er seinen Gefühlen erlegen war. Immer wieder zweifelte er, ob er sich überhaupt Aline offenbaren dürfe. Aber was wäre, wenn genau dieses Ungesagte, das wäre, was die Situation verändert? Was hilft es, wenn man absurderweise dauernd über Informationen zu

ihrem Freund René redet und dabei das Eigentliche nicht
ausspricht? Es ist nichts weiter als die unendliche Angst
davor, nicht die Antwort zu bekommen, die man sich erhofft.
Dabei ist es nun einmal wichtig, eine Antwort zu erhalten,
egal, wie sie ausfällt. Denn sonst weiß man es eben nicht.
Und der Schrei dieser Zeilen ist ja im Kern nur der Aufschrei:
Ich möchte es wissen.
Und dann nahm der Doktor an diesem Abend schließlich all
seinen Mut zusammen und schickte diesen Zettel sowie die
abgeschriebenen Zeilen von diesem Zettel an Alines
Telefonnummer.

In den Lüften schwebend über Paris
Alines Traum. René ist zornig: Warum hast du mich nicht da
herausgeholt. Dir ist anderes wichtiger als ich. Ich bin dir
nicht wichtig, erst recht nicht das wichtigste. Und Aline hat
Angst vor dem Neuen. Sie muss sich überlegen, wo sie dann
wohnen wird. An Geld hat es ihr noch nie gemangelt, aber
immer an Geborgenheit. Und ihre Angst riet ihr manchmal,
dieses kleine Restchen, vielleicht auch nur die Illusion der
Geborgenheit, die mehr aus Gewohnheit besteht, nicht
einzutauschen gegen das Ungewisse. Das war ihr Albtraum.
Vielleicht der Albtraum, der dadurch genährt wurde, das ihr
starker Vater einst, als sie immer noch nicht ganz erwachsen
war, ihre um alles geliebte Mutter und damit auch sie
verlassen hatte. Aber ihr war es wichtig, dass eben alles
seine Ordnung hat.
Aber lebte sie in einem derart geordneten Leben, wie sie es
sich tief in ihrem Inneren wünschte? Nein, es war eine
Unordnung: jeden Tag ein neuer Plan, eine ungewisse
Leichtssinnsaktion. War das Geborgenheit? Hilft es wirklich
dagegen, jeden Morgen freundlich lächeln, gut kombiniert
gekleidet und perfekt frisiert an einer Arbeitsstelle zu
erscheinen und mit den Kolleginnen und Kunden zu
scherzen? Das lenkt zwar ab, aber mehr nicht. Es rettet
zweifellos den Schein der Normalität. Aber hilft das gegen
Albträume? Zum ersten Mal sah Aline ihrem Albtraum ins

Gesicht. Sie kannte ihn längst, aber sie wollte ihn nicht sehen.

Und wenn dieser Traum jetzt nach Paris fliegt, was kann geschehen? Er kann hart aufschlagen, unsanft landen, an der Realität zerschellen und dann zerplatzen. Und was passiert, wenn er alles lässt, wie es ist. Er gammelt vor sich hin, vertrocknet in sich und wird still und leise absterben. Nichts ist verlockend daran. Nur unbequem ist es. Unbequem ist ein hartes Wort. Aline weiß es. Unbequem bedeutet vielleicht, ein paar Illusionen über die Gegenwart und ihre Qualität zu begraben.

Schön sind Träume, aber nicht schön ist es, dass die Träume, die die Gegenwart umranken, nur Illusionen sind, Gebilde, die dazu dienen, etwas schön zu malen, das in Wahrheit gar nicht schön ist. Dieses Trauma wollte sie seit ihrer Kindheit und Pubertät nicht loslassen und so kam diese Sehnsucht nach Ordnung, und gepaart mit der Bequemlichkeit wurde daraus eine Illusion der Geborgenheit.

Wild schossen die Gedanken Aline durch den Kopf. Sie dachte Dinge, die sie sich lange verboten hatte. Es war doch eigentlich alles gut? Für wen war es nicht gut? Und da begegnete sie plötzlich dem Spiegelbild des Mädchens, das immer seine Heimat festhalten wollte, das in all dem, was es um sich versammelte jene Ordnung schaffen wollte, die das Leben diesem Kind verweigert hatte bleibend zu geben.
Für wen tue ich das alles?
Wie eine Offenbarung durchfuhr es sie: Du tust es für dich!
Nicht für die Mutti, um ein braves Mädchen zu sein. Nicht für den fernen Papi, der dich sowieso nicht mehr sieht. Du tust es für dich. Und wenn es scheitert, dann scheiterst du, nicht ein anderer.
Entsetzliche Wahrheiten. Ob ich das durchstehe. Aline sah im Spiegel ein Mädchen mit weichen Knien, aber dahinter eine lockende, fröhliche und blühende Wiese.
Nur wer verlässt und loslässt, kann gewinnen. Nur wer

124

wagt… und sei ein Abschied auch noch so unbequem.
Immer wieder führte dieser harte Traum sie an unbequeme
Ecken: du machst einfach nur mit, nimmst das, was vielleicht
schön scheint, aber gibt es dahinter so etwas wie einen
Kompass, mehr als sich treiben zu lassen.
Aline erwachte mit hellem Entsetzen. Sie las die Zeilen des
Doktors in ihrem Handy wieder und wieder. Und selbst, wenn
diese Brücke früh wieder zerbrechen konnte, diesen
Aufbruch, den unternahm sie alleine für sich und nur für sich.

Rue des Pyrénées
Schneller als gedacht, war Aline wieder nach Paris
gekommen, diesmal mit dem TGV. Sie trug diese
unwiderstehlich schwarze Kombination und hatte Monique
und den Doktor gebeten, sie am Gare de l´Est abzuholen.
Sie war gebeten worden, einige Angaben und Aussagen für
René zu bestätigen und das tat sie gerne. Ihre Angaben
fielen so schmuck- und schnörkellos aus wie das Gebäude,
in dem sie waren. „Ja er hat regelmäßig, wenn auch
freiberuflich als Pilot gearbeitet. Nein, er hat in diesem
Zusammenhang nicht gewerbsmäßig Schwarz- und
Warengeschäfte betrieben. Nein, er hat niemals auch nur
den Anschein erweckt, er arbeite für einen iranischen Clan."
Dies alles konnte Aline ohne Bedenken bezeugen und
unterschreiben. Alles lief auf eine zwar verworrene
Geschichte, aber doch auf die Unschuldsvermutung für René
hinaus. „Sie können sich bei dieser Zeugin bedanken. Die
Anhörung ist damit beendet." Es dauerte schließlich noch
unendliche Minuten, die allen wie Stunden vorkamen. René
wollte Aline gelöst in den Arm nehmen, aber die wehrte ab.
„Von nun an fliegst du erst einmal alleine, auf jeden Fall ohne
mich. Ich habe genug getan. Ich gehe meinen eigenen Weg.
Meine wenigen Besitztümer habe ich bereits aus der
Wohnung entfernt. Du wirst nichts vermissen. Lebe wohl."
Mit diesen Worten folgte sie Monique und dem Doktor und
ließ René stehen. „Das musste sein, und ja, ich meine es so.
Vielleicht können wir diesen besonderen Abend an einem

besonderen Ort ausklingen lassen. Mir wäre danach."
Der Doktor hatte dafür schon eine Idee.

Boulevard du Montparnasse

Von der Lage her noch im weiteren Einzugsbereich für den Doktor. Hier findet sich das sehr besondere Restaurant La Coupole. Ein großes Hallenrestaurant typisch Pariser Stils mit Platz für genügend runde Tische und nicht nur – wie sonst oft - gequetschte enge Bestuhlung. Aber das wirklich Besondere ist die Ausgestaltung der Pfeiler, die vom Ende der zwanziger Jahre des neunzehnten Jahrhunderts herrührt. Dazu muss man wissen, dass Montparnasse schon vor jener Zeit ein typisches Künstlerviertel war, das viele Ateliers beherbergte. So kam es, dass wesentliche Künstler der damaligen Zeit in einer konzertierten Aktion die Pfeiler des Restaurants ausgestalteten. Die Pfeiler geben eine Impression der Goldenen Zeit dieser Epoche, realisiert durch Künstler, die hier für Touristen und Pariser außerhalb großer Museen lebendig bleiben wie Alexandre Auffray, Isaac Grünewald, Louis Latapie, Jeanne Rij-Rousseau, David Seifert und Othon Friesz. Das Porträt der Tänzerin Joséphine Baker, umgeben von Straußenfedern, stammt von Victor Robiquet; das des Schriftstellers Georges Duhamel, der Flöte spielt, von Marie Vassilieff. Populäre Reiseleiter verbreiten zur Ausschmückung dann gerne das Märchen, die Künstler hätten das Ganze für Getränke und Wein getan. Ganz so schlimm war es wohl nicht. Sie bekamen offenbar schon ein Salär in Franc. Wichtig ist einfach, dass diese Pfeiler ein Spiegel und Ausdruck jener Szene waren, die natürlich damit auch immer wieder die biedere Bürgerlichkeit provozieren wollte. Ein Aspekt, der naturgemäß dem Doktor durchaus gefiel. Ja, wie gesagt, hier ergatterte man noch einen Tisch halbwegs in der Mitte und gönnte sich einen genussvollen Ausblick auf den Raum. „Aber diesmal muss ich weder Austern noch Schnecken bestellen", scherzte Aline, „nein, zum Dank für die Unterstützung würde ich das sogar tun."
„Ich werde nur einen kleinen Fischteller nehmen, weil ich am

Abend noch verabredet bin, sprach die Anwältin, die in diesem Fall, ahnte, dass Aline und der Doktor wohl noch einiges zu besprechen hätten. Es war ein sehr gelöstes Zusammensein und es war ein wenig so, als ob von Aline eine Art Last abgefallen war. Der Doktor bestellte vorab eine Flasche Champagner.

Als er dann mit Aline alleine war und die nun gerade knapp halb geleerte Flasche vor Ihnen stand, fragte er leichthin „Und was machen wir zwei jetzt?" Man spürte, dass Aline die richtigen Worte finden musste. „Ich fand diese Zeilen wundervoll. Punkt. Darüber zu diskutieren, wäre sowieso falsch. Aber der Fall mit René und der zwischen uns sind ja auch GottseiDank zwei völlig unterschiedliche Dinge. Ich hatte natürlich viel damit zu tun, zu erkennen, was diese Beziehung war und was sie nicht war. Und es kostet auch Energie, sich dem zu stellen." Der Doktor schaute sie an, ihre Blicke ruhten aufeinander, er hörte ihr aufmerksam zu und blieb bei dieser Haltung auch, als er merkte, dass sie die entscheidende Antwort ihm noch nicht geben konnte. „Nein, diese Nacht in Paris, ich möchte sie nicht vergessen. Aber es ist mir auch klar, dass ich im Moment eine Suchende bin. Sie sind – nein du bist – mehr als nur ein praktischer Begleiter, das spüre ich…" Der Doktor spürte sehr wohl, dass in solchen Worten auch eine Chance lag. „Ich habe mir etwas überlegt… vorab, ich meine das wirklich ernst damit, dass ich wegen der richtigen Frau sogar meine große Liebe Paris eintauschen könnte… Ich schlage vor, wir treffen uns sehr bald in Hamburg. Ich zeige Dir meine frühere Heimat, und wir lassen uns dabei viel Zeit zu sehen, ob wir für andere Pläne reif sind. Ich kenne mich nach all den Jahren gut. Ich habe diese Emotion, und die meine ich ernst. Aber natürlich musst auch du so empfinden, sonst ist das eben gar nichts." Nach einer Pause schlug der Doktor vor: „Ich bin für die kleinen Schritte. Vielleicht können wir demnächst – das könnte für mich ein sehr guter Vorschlag sein - ein paar Tage miteinander verbringen, einfach, um uns besser kennenzulernen. Ich weiß ganz genau, dass ich dich noch längst nicht gut genug kenne. Aber eins weiß ich, ich würde es sehr gerne…" „Wir haben Glück. Eigentlich wollten wir nächste Woche an die Côte d´Azur fliegen, also René hätte gemusst und ich habe mir Urlaub eingetragen. Ich hab das bislang noch nicht gestrichen…" „Wenn es wahr wäre, ich hätte eine Menge Ideen. Das liegt noch genau vor unserer Messe in Paris. Ich würde sehr gern." Und so ward am Ende dieses Tages ein erster wirklich gemeinsam und explizit abgesprochener Plan beschlossen.

ABC Straße

Diesmal kamen Aline und der Doktor gemeinsam in Hamburg an. Man hatte den Rest der Zugfahrt so gelegt, dass man ein paar Stunden bereits nebeneinander hatte. Das ist in jedem Fall neben dem Reiz, sich endlich mit mehr Zeit zu sehen, ein ungewohntes Gefühl, das sehr schnell offenbart, wie wenig man bislang wirklich voneinander kennt. Zwischenzeitlich musste der Doktor sie immer wieder anschauen. „Sie ist schön und in dieser Situation noch viel lebendiger als ich sie bislang erlebt habe", dachte er vor sich hin. Beide konnten gespannt darauf sein, was ihnen Hamburg unter diesem neuen Vorzeichen zu bieten hätte. Der Doktor hatte bewusst ein komfortables und citynahes Hotel ausgesucht, um nicht allzu viel Zeit mit unnützen Wegen zu verlieren. Und was beiden wirklich gefallen könnte, muss man eben erst herausfinden. Aber dazu bietet Hamburg eine große Vielfalt an.

Ein komisches Gefühl, zum ersten Mal gemeinsam in einem Hotel einzuchecken, ein gemeinsames Zimmer für die nächsten Tage zu beziehen und einen Schrank gemeinsam zu nutzen. Banal. Aber da kommen die kleinen persönlichen Dinge zum Tragen, wie man lebt, ob man Nacktschläfer ist oder nicht.

Sie setzten sich auf das Bett. „Endlich angekommen, waren sie angekommen?"

„Lass uns doch einmal einen Blick auf die Stadt werfen. Wir fahren einfach mit dem Alsterdampfer ein Stück über die Außenalster und schauen uns die Stadt aus einer anderen

Perspektive an." Und so machten sie sich auf ihren ersten Ausflug in die Stadt und schlenderten langsam zum Jungfernstieg, um nach dem nächsten Alsterdampfer Ausschau zu halten, die zwar nicht mehr ganz so wie früher ein eng getakteter Teil des Hamburger Nahverkehrs sind, aber noch ihre Dienste tun.

Fernsicht
Wenn man ein erstes Gefühl für die Außenalster, wie sie die Hamburger nennen, also den Teil, der bereits jenseits der Kennedy- und der Lombardsbrücke liegt erhalten möchte, dann ist es ein guter Tipp, einmal von der Krugkoppelbrücke nach beiden Seiten auf die Alster zu schauen und dann schlicht an der Fernsicht abzubiegen und den kleinen kurzen Pfad zu Bobby Reich zu nehmen. Bobby Reich ist eine Art Institution, ein typisches Hamburger Restaurant an der Alster, im Außenbereich mit einer Mischung aus Biergarten und Anleger. Eine Kombination, die man rund um die Alster immer noch gelegentlich findet. Und da sitzt man dann entweder bei regionalen Gerichten und schaut über die Alster, oder man mietet eine Jolle oder anderes und erkundet die Alster. Für viele Hamburger ist die Alster ein ganz normales Freizeitrevier, das man ganz in der Nähe zum Segeln oder Paddeln wunderbar nutzen kann. Und gerade für die Paddler sind all die Kanäle und Seitenarme ein tolles Revier. Außerdem ist die Alster schließlich auch ein kleiner und zur Stadt hin nur aufgestauter Fluss, der in Grenzen die Möglichkeit gibt, der Stadt per Paddelboot den Rücken zu zeigen.
Aber all dies war im Moment für Aline und den Doktor eigentlich eher Kulisse. „Ja, man hat irgendwie das Gefühl an der See, oder besser an einem See zu sein. Obwohl ja, wir sind ja noch mitten in der Stadt und ganz schnell wieder in einem so lebendigen Viertel wie Winterhude." „Und könntest du das gegen die Seine tauschen?" „Ich könnte mir das vorstellen. Schließlich gibt es zwischen Övelgönne und Blankenese an der Elbe sogar noch einen echten Strand.

Hamburg hat, sicher ähnlich wie Paris, sehr viele Gesichter und Möglichkeiten und wenn wir von einer solchen Stadt sprechen, dann haben wir immer nur eine Auswahl von Bildern und Teilen im Kopf, die wir gerne sehen möchten."
„Aber trotzdem, braucht der Mensch nicht auch eine Heimat? Ach ja, ich vergaß, du hast ja auch schon einmal hier gelebt." Der Doktor wurde sehr nachdenklich „Heimat hat für mich auch sehr viel mit Menschen zu tun. Ich bin in meinem Leben so viel umgezogen, habe unterschiedliche Lebensräume erlebt, aber am Ende hängt eben sehr viel an Menschen … vielleicht sogar nur an ganz wenigen Menschen, die einem mehr Heimat geben können als eine ganze Stadt voller Menschen. Manchmal habe ich die Menschen bewundert, die so ganz selbstverständlich wissen, wo sie hingehören, mit wem sie auf Dauer zusammengehören… ich beginne das zu begreifen, schau das Paar an, dass da gemeinsam mit seiner Jolle kämpft. Letztlich ist Teamarbeit verdammt wichtig…" Und ehe sie sich versahen, hing der Mast der kleinen Jolle auf dem Wasser und die benachbarten Segler kamen rasch zur Hilfe, ihn wiederaufzurichten.

„Manchmal ist es wirklich eine Gefahr zu kentern", bemerkte Aline vielsagend. Ich stand vermutlich auch irgendwie kurz davor und habe es nicht gemerkt. Es war ja gar nicht diese Sache mit dem Antiquitätenschmuggel und dem ganzen Zeug… man kannte sich einfach nicht wirklich. Und das reicht eben nicht. Aber irgendwie ist so ein Warnschuss dann auch heilsam… Ich gebe zu, es war nicht ganz leicht, zu begreifen…Und außerdem ist es nun einmal keine Freude, seine Sachen zu packen und aus einem gewohnten Leben auszuwandern. Das überlegt man sich einfach…" „Aber denk bitte nicht, dass ich nicht auch dazu bereit bin. Wenn zwei Leben zueinander treffen, die keine unbeschriebenen Blätter mehr sind, dann stehen sie anders da als zwei junge Leute, die ganz am Anfang stehen und sich aussuchen: Wo fange ich an? Wo werden mir interessante Chancen geboten? Bei uns ist – bei jedem von uns – bereits etliches vorentschieden, so manches nicht mehr frei wählbar. Sicher auch für mich gäbe es Orte, an die ich nur schwer gehen könnte… Aber zum Beispiel Hamburg, von hier aus könnte ich das, was ich derzeit in Paris mache, auch tun. Und vor allem: Es gibt ja schließlich nicht nur die Arbeit.…"

„Du bist süß" entfuhr es spontan Aline „du redest trotzdem ein wenig wie ein Teenager, den es erwischt hat. Ich möchte niemals schuld daran sein, dass du etwas tust, was du nachher dann doch bereuen wirst. Paris ist einfach eine tolle Stadt mit sehr vielen Möglichkeiten…"

Palmaille
Neue Ideen wollen immer erst gründlich durchdacht werden. Bei schönem Wetter nutzt Jörn Jensen die Lage seines Büros und geht vom Altonaer Balkon Richtung Övelgönne oberhalb der Elbe durch den Heine Park, den Donners Park und den Rosengarten und wieder zurück und sieht dann weder die Blumen und Büsche der Parks, noch jene, die mit ihrem Hund den Spazierweg bevölkern noch den schönen Ausblick auf die Elbe vom Kreuzfahrtanleger bis zum Museumshafen. Nicht einmal das eine oder andere sich über die Elbe schiebende Fracht- und Containerschiff erhält seine Aufmerksamkeit.

Er muss über ein Angebot nachdenken, dass ihm ein Geschäftskollege zugeschickt hatte. Sörensen konnte ihm getrocknete Mango, Ananas, Banane, Nüsse und Erdmandeln aus einem Projekt in Afrika anbieten und nun kämpfte er mit der Frage, ob er den Anschub für ein solches Projekt und das Risiko der ersten Schritte für die Firma übernehmen könne. Und wenn er ja sagte, dann hieß das eben ja. Die Produktauswahl und deren Hintergrund, das war interessant, aber vieles an einem solchen Projekt hat Risiken: die Qualität der Ware? Ob Anbau, Ernte und Lagerung auch wirklich das halten, was jetzt versprochen wird? Jensen kannte all die kleinen Momente und offenen Fragen.

Heute Morgen hatte er sich zusätzlich mit Helen im Büro verabredet, um auch von ihrer Seite zu überlegen, ob dieses

Angebot genügend Möglichkeiten bietet. „Also ich weiß, die totale Sicherheit gibt es nie. Aber schauen wir uns einmal das Angebot an. Also Preise, das musst Du wissen, das ist nicht mein Ding. Aber von außen: alles vegan, vegetarisch – passt also in die Großwetterlage, was heute gesucht wird. Ja man könnte daraus richtig nett eine kleine Geschichte machen ´ African Breakfast – Frühstücken für Afrika´ so als Arbeitstitel, eine richtig leckere Mischung für Müsli oder Porridge und dann die Geschichte des Projekts dahinter. Wenn man mindestens einen Adressaten dafür gewinnen könnte, dann wär´s das…"

In der Tat, damit war die Situation auch von dieser Seite sehr gut beschrieben. „Du meinst also auch, dass man ein solches Angebot aufgreifen könnte, wenn alle Details auf dem Weg der Ware zwischen dem Ursprung der Ware und dem Angebot sicher gelöst sind. Das sehe ich ähnlich. Machen wir uns also an die Arbeit."

Und dann fiel ihm ein, dass sie ja noch eine kleine private Pflicht zu besprechen hatten. „Mein alter Kollege, der Doktor, ich hab dir ja schon gelegentlich von ihm erzählt ist mit einer interessanten Begleitung für ein paar Tage in der Stadt. Wir sollten uns wenigstens an einem Abend mal mit ihm treffen. Wahrscheinlich wird er ja auch in Paris auf der Messe sein. Aber wie ich ihn verstanden habe, ist sein Besuch eher privat."

Hamburg zu Fuß

Einfach einmal ein ganz anderer Weg: Vom Mühlenkamp nach Barmbek

Der Weg startet damit, einmal im Mühlenkamp und danach in der Sierichstraße an Geschäften und Restaurants vorbei zu schlendern und sich einen kleinen Eindruck von Winterhude zu verschaffen.
Über die Jarrestraße gelangt man zur Kampnagel Fabrik, einem Ort interessanter Kulturangebote.
Von dort geht man am Kämmererufer entlang.
Dort findet sich ein sehr volkstümliches Restaurant, die Gondel, wo man eben auch Boote aller Art für Touren auf den Kanälen und auf der Alster mieten kann.
Wegen der Schönheit des Ausblicks wechselt man danach über die Saarlandstrasse auf die andere Seite des Osterbekkanals und folgt dem Fußweg an der Osterbekstraße und genießt von dort den besseren Blick auf den Kanal, um diesen mit der Hufnerstrasse wieder zu überqueren und jetzt auf der anderen Seite den Osterbekweg zu nehmen.

Da stolpern wir dann sehr bald und vor allem unübersehbar über das gewaltige Bohrwerk, mit dem seinerzeit eine der Tunnelröhren des Elbtunnels gebohrt wurde.
Das dahinterliegende Areal gehört zu einer alten Gummifabrik, in dem sich heute neben dem Museum der Arbeit auch eine Reihe von Restaurants befinden.

Überqueren wir den Platz hinter dem Riesenexponat und durchqueren wir den Fabrikhof, gelangen wir zum U- und S-Bahnhof Barmbek.

Bahrenfelder Straße

Der unmittelbar an Altona angrenzende Stadtteil Ottensen hat sich über die Jahre als Heimat einer bürgerlich alternativen Szene entwickelt. Anders als die Schanze, in der radikalere Heißsporne das Bild prägen, dominiert hier die Verbindung von Kultur, ehrlichem Handwerk, Lebensart und alternativen Lebensentwürfen. Das spiegelt sich etwa in den kleinen Geschäften in der Ottenser Hauptstraße, in dem schönen Biomarkt auf dem Spritzenplatz und dem Bemühen, dieses in den letzten einhundertfünfzig Jahren von kleinen Manufakturen geprägte Viertel ein wenig ursprungsnah zu erhalten. Zu einem der Projekte in diesem Umfeld zählen ganz sicher auch die Zeise-Hallen. Hier war einst eine Schiffsschrauben-Herstellung beheimatet, hinterließ schöne funktional hohe Hallenräume in ehrlich hochgezogener solider Backsteinbauweise. Aus solch einem Areal das Richtige zu machen und vor allem es mit genügend Leben zu füllen, ist da oft leichter gesagt als getan. Inzwischen hat sich hier seit 1988 das Eisenstein als Szenelokal für die Hamburger Film- und Kulturszene etabliert. Natürlich variiert die Küche. Kern des Angebots und des Rufs in Hamburg ist die hauseigene Pizza. Typisch für die Gegend. Die Gastronomie hechelt nicht nach dem neuesten Schrei, hat immer eher etwas Ehrliches und Solides.

Und während die vier es sich an dem Tisch mit Blick in den Raum gemütlich machen scherzt Aline „heute keine Austern, keine Schnecken…" „Hier mag man dann eher ein Bürgermeisterstück oder so, aber auch nicht die aufgesetzt lokale Küche, von der die Touristen ja sowieso nicht wissen, wie es eigentlich schmecken müsste." Und zum Doktor gewandt „Sehnsucht nach der alten Heimat?" Und dann war es aber doch erst einmal Zeit, den beiden Hamburgern einmal wenigstens so rein formell Aline vorzustellen, um sie ein wenig mehr in die Runde einzubinden. „Heute mit Jörn und mir mal etwas anders. Eine verdammt gute Idee. Dann kommen wir wenigstens nicht auf die irre Idee, jetzt schon wieder über unsere Geschäfte zu reden. Das können wir ja in zehn Tagen in Paris auf der Messe noch reichlich tun."

Die letzten Offenbarungen wurden allerdings heute Abend auch nicht auf den Tisch gelegt, weder, dass es zwischen Helen und Jörn inzwischen wesentlich enger und wieder ziemlich harmonisch geworden war, noch, dass Aline weit mehr als eine sehr charmante Begleitung sein sollte. Für solche Offenbarungen wäre es vielleicht auch noch etwas zu früh.

So blieb dieser Abend bei den Reizen von Hamburg und denen von Paris zu ein paar sehr tiefsinnigen Betrachtungen über die Charakteristik der unterschiedlichen Stadtviertel. Na ja und dann konnten die anwesenden Damen – keineswegs nur um ein Klischee zu erfüllen – auch noch einiges von Einkaufserfahrungen und netten Gelegenheiten für modische Kleinigkeiten austauschen, worüber man bald zu dem Eindruck kam, dass man auch bei den beiden weiblichen Teilnehmern der Runde durchaus zu einem netten Kontakt gekommen war. So blieb am Ende dieses für alle sehr harmonischen und netten Abends das hanseatische Statement mit Understatement stehen „Wiederholung nicht ausgeschlossen."

Englische Planke

Ohne die Hauptkirche Sankt Michaelis – in Hamburg grundsätzlich nur der Michel genannt – wäre Hamburg für viele Einheimische nicht vorstellbar. Berühmte Hamburger, die auch noch das Recht auf einen Wunsch hatten – wie etwa Helmut Schmidt – wünschten sich, ihren letzten Gang von dieser Kirche aus anzutreten. Der Michel ist das Herz der Stadt, obwohl beileibe nicht die historisch älteste Kirche. In seiner 400jährigen Geschichte wurde das Wahrzeichen der Stadt gleich zweimal komplett wiederaufgebaut. Praktisch betrachtet bietet der 132 Meter hohe Kirchturm von seiner Besucherplattform einen besonders guten Ausblick über die Stadt und den nahen Hafen. In der Gruft der Kirche findet sich unter anderem das Grab des Komponisten Carl Philipp Emanuel Bach. Beeindruckend im Kirchenschiff neben der prunkvollen Ausgestaltung auch die Orgel, die bei zahlreichen Konzerten die Hauptrolle in diesem Hause spielt. Ein Hamburg-Besuch, ohne hier gewesen zu sein, wäre unvollständig. Außerdem wusste der Doktor inzwischen, dass Kirchen auf Aline eine besondere Anziehung ausübten, und so hatte er diesen Punkt ausdrücklich eingeplant. Nachdem sie diese eindrucksvolle Kirche verlassen hatten, schlug der Doktor vor, die große breite Durchgangsstraße vor ihnen zu überqueren. Nach ein paar Wegen durch kleine Straßen erreichten die beiden den Großneumarkt.

Am der Innenstadt zugeneigten Ende des Platzes befindet sich das Thämers, einfach eine Art Institution, eine unkomplizierte Traditionskneipe seit über dreißig Jahren mit einer typisch und volkstümlich ausgelegten Speisekarte. Das wichtigste Angebot Matjes mit Bratkartoffeln und überhaupt alles mit ehrlich gemachten Bratkartoffeln. Aline scheute sich nicht, sich im Außenbereich mit dem Doktor niederzulassen und die heimische Küche selbst zu testen „Einmal sündigen muss erlaubt sein." „Ja erstaunlich, dass es das immer noch gibt… und diese Bratkartoffeln…" „Kommt bei dir so langsam die Erinnerung? Eigentlich müsstest du das alles ja wirklich gut kennen." Nun ja, der typische Hamburger hat wohl hauptsächlich für die Besucher von außerhalb so etwas auf dem Programm und bietet dann je nach Präferenz und Altersgruppe von Hagenbecks Zoo bis zum Besuch des Fischmarkts das jeweils gewünschte Highlight. Aber bei diesem Besuch ging es nicht in erster Linie um die Stadt, sondern mehr um die Mischung aus Impressionen und Zeit zum Kennenlernen. Wobei man dies über derartige Kulissen und Eindrücke ziemlich gut kann.

Neuer Pferdemarkt

Auch und gerade die schönste Auszeit für ein Paar auf der Suche nach einer gemeinsamen Zukunft und Heimat geht einmal zu Ende und das schon wieder schneller als gedacht. Der letzte volle Tag in Hamburg brach an und deshalb wollte der Doktor das Leben mit Aline gleich zum Frühstück von einer anderen Seite erleben.

Das Frühstück sollte – wie auch manchmal in Paris – bewusst an einen anderen Ort als das Hotel verlegt werden. Von der Feldstraße kommt man sehr einfach in die typischen Orte der Schanze. Links lässt man die Rindermarkthalle liegen mit einer Ansammlung von Lebensmittelläden und Fertig-Food und überquert den kleinen Platz, den neuen Pferdemarkt und erreicht schnell ein kleines Gelass, dass sich inzwischen Pauline nennt „Essen, Trinken, Sein".

Der Doktor hatte nur Gutes darüber gehört und daher beschlossen, dass dies ein guter Ort für das Frühstück sei. Neben Kaffee konnte man auch einen frisch aus selbst zusammengestellten Zutaten aufgebrühten Tee bestellen und dazu etwa ein mit frischen Früchten angereichertes Müsli wählen. Der Ort beherbergte früher eine Fleischerei und ist daher vom Platz begrenzt. Wie damals in der Fleischerei werden die heutigen Angebote von Pauline für die Gäste vor Ort frisch zubereitet. An den kleinen Tischen fühlt man sich in einer Teestube der alten Zeit und die freundlichen jungen Leute aus dem Haus geben einem den Eindruck, man sei gerade bei guten Freunden zum gemeinsamen Frühstück gelandet. Hier kann man herrlich Zeit verbringen, die Zeitung lesen oder eben das gemeinsame Leben erproben. „Das Glück im Lebe ist etwas, das man sich nicht kaufen kann, aber es lässt sich finden", sinnierte der Doktor ebenso tiefsinnig wie doppeldeutig, ob es sich nun auf das genussvolle Frühstück oder das Zusammensein mit Aline bezöge. Man kann getrost annehmen, dass er beides meinte. Jedenfalls hatte Aline sehr wohl bemerkt, dass die Zahl der Telefonate des Doktors mit der Heimat in diesen Tagen ausgesprochen begrenzt ausfiel. „Das sind Orte, da könnte man bleiben." „Die Vielfalt dieser Stadt ist wirklich schön." „Und du vermisst hier nicht Sankt Moritz und Gstaad?" neckte der Doktor übermütig. „Wenn du das zum Vorzeigen meinst", wurde sie tiefsinnig, „das habe ich eigentlich nie gebraucht. Ich mag immer nur das Authentische, auf alles Aufgesetzte kann ich gut verzichten." „Ich würde jetzt gerne noch bleiben…" Aline wurde direkt „wir halten es doch wunderbar zusammen aus. Dafür, dass wir uns so kurz und noch wenig kennen, machen wir das schon verdammt gut…" Auch, wen man das in einer Situation der Verliebtheit gerne vergessen möchte, Entfernung ist eben noch ein Faktor. Die durchaus modern wirkende Wochenendbeziehung – selbst zwischen zwei der attraktivsten Städte – hat ihre Grenzen. Das hatten die beiden in diesen Tagen gespürt. Aber davon wollten sie sich diesen schönen und entspannten Morgen am Neuen Pferdemarkt nicht verderben lassen.

Die beiden durften gerade die Erfahrung machen, dass ein neuer Partner – wenn er wirklich zu einem passt – Seiten an dem anderen hervorbringt, die er selbst zuvor in einem anderen Alltag verschüttet, unterdrückt und auf jeden Fall eben nicht gezeigt hat…

Schöne Aussicht

Ein schöner sonniger Abend. „Perle" meint in Hamburg immer etwas besonders Schönes. Es gibt an der Elbe die Strandperle, am Elbstrand Richtung Övelgönne. Und an der Alster, gleich gegenüber dem früher einmal etwas atmosphärereicheren Literarturhauscafés die Alsterrperle. An sonnigen Tagen sieht man voraus die Innenstadt mit der Elbphilharmonie, dem Michel und allen Kirchtürmen.

Zu einem letzten Abend an der Alster machten Aline und der Doktor ihren Weg an diesen besonderen Ort. Die Plätze an den wenigen Tischen reichen meist nicht für alle, viele Besucher sitzen auf dem betonierten Rand der Außenalster, die hier sehr flach ist. Wenn man die Schuhe auszieht, kann man auch bequem in der Alster stehen. Die Auswahl der Alsterperle reicht für Basics wie einen Aperol Spritz, Bier und modisches Tonic. „Schon irre: man ist mitten in der Stadt und bekommt Distanz und ist ganz nah, sieht alles, alle wichtigen Wahrzeichen direkt vor Augen. Die Lebensqualität dieser Stadt ist beeindruckend." „Guck mal, die vielen Stand-Up-Paddler. Gestern wurde der Trend verkündet und es gibt sie tatsächlich. Diese Stadt ist schon besonders." „Noch etwas: eine ganz erstaunlich heile Welt." Man fühlt sich hier ziemlich wohl, auch wenn durch die Ansagen im Hauptbahnhof regelmäßig in der Bahn vor Kleinkriminellen, Taschendieben gewarnt wird. Der Doktor nimmt Aline in den Arm. „Es gibt wirklich einige Orte, an denen wir zusammen glücklich sein könnten. Ich bin offen dafür." „Ja, die Menschen, die man an solchen Plätzen trifft, sind die, die hier leben und arbeiten, warum nicht, das könnten auch gerne später einmal meine Nachbarn sein." Im Hintergrund ein Alsterdampfer, ein paar Ruderboote der benachbarten Clubs und Vereine und weiter vorn noch die letzten Stand-Up-Paddler, die ihren Body zur Schau stellen. Die Sonne spiegelt sich fern in der Glasfront eines Hochhauses. Stadtromantik und vielleicht ja auch der romantische Moment für das eine oder andere Paar.

ZAC Paris Nord, Villepinte
Das nördliche Messegelände liegt alles andere als in der Stadt. Nur eine RER-Station vom Flughafen Charles de Gaulle entfernt. Von dem zentralen Innenbereich des Zugangs kommt man in einen mit kleinen Platanen bestanden Zuweg. Von dort, fächern sich die Messehallen auf. Fachmessen haben selbst in diesem anonymen Gelände so etwas wie Familientreffen. Die Stände oft über die Jahre ähnlich angeordnet. Man kennt die Nachbarschaft und wenn eine Firma dann nicht ausstellt, dann hat das sehr oft Gründe. Meist keine guten.
Bei Messen, die an Wochenenden starten, ist diese Zeit in erster Linie mit den ausländischen Besuchern ausgefüllt. Viele von Ihnen kombinieren die Messe mit einem Besuch in der Stadt oder anderen Plänen in der Nähe, damit sich der weite Weg auch lohnt. Jörn muss diese Phase für sich unbedingt schon nutzen, weil zum Wochenbeginn dann alle die angestellten Einkäufer aus Paris, die ihr Wochenende auf keinen Fall der Arbeit widmen wollten, die Zufahrten derart verstopfen, dass man sowohl auf der Straße wie in den Vorortzügen Platzangst bekommt.
Jörn hat eine lange Liste von vielen Südamerikanern, wenigen Südafrikanern und natürlich auch reichlich

asiatischen Ausstellern, die er sich vorgenommen hat. Wenn er da nicht früh anfängt, kommt er sowieso nicht durch. Die Messe ist jedes Mal eine Kontaktgelegenheit, die man optimal nutzen sollte.

Boulevard Haussmann

Für jemanden, der auf einer Messe keine wirklichen Geschäftskontakte verfolgen möchte, wird so ein Ort nach einer gewissen Zeit dann doch eher ermüdend, als ob man in einem sehr großen Museum die Ausstellung an einem Tag in sich aufnehmen wollte. Irgendwann ist die Kapazität – zumindest dafür – erschöpft. Und aus diesem Grund hatten sich Helen und Aline bereits am Mittag aus dem Messetrubel in die Stadt verabschiedet. Schließlich darf man sich in einer Stadt wie Paris auch ruhig einmal von dem anziehen lassen, was die Stadt – natürlich neben der Liebe – so anziehend macht: die edlen Geschäfte mit schönen Dingen von Dessous bis Düften bis zu Schmuck und netten Accessoires. Um den Duft ausgesuchter Lebensmittel kümmerten sich ja schon ihre Männer.

Und selbst kleine Entdeckungen brauchen die Zeit zu gucken, vielleicht zu probieren und wieder zu überlegen, ob es das wirklich ist. „Das kann Jörn manchmal nicht verstehen. Der ist zwar sehr lieb beim Einkaufen, aber irgendwann ist es dann doch einfach zu viel…" „Bei dem Doktor weiß ich das noch nicht wirklich. Für solche gemeinsamen Kleinigkeiten war bei uns die Zeit bislang noch viel zu kurz. Man wird sehen…" Und so ließen sich die beiden an diesem Nachmittag gerne von Geschäft zu Geschäft treiben, ließen sich hier von einem netten Bilderrahmen anregen und dort von einem interessanten Duft. Die nahe Passage des Panoramas ist eine von vielen der Pariser Passagen, die zwischen 1790 und 1850 als kleine überdachte Flaniermeilen das Leben bereichert haben. Manche von Ihnen bieten bis heute diese Art der Attraktion.

Aline hatte in einem kleinen Geschäft eine Lampe entdeckt „Meinst du ich soll?" „Weißt du denn schon, wo sie hinpassen würde?" „Ich weiß es nicht, mein jetziges Zuhause fühlt sich eher an wie Übergang." „Also mehr ein Baustein für die unbekannte Zukunft..." „Das wäre auf jeden Fall eine passende Beschreibung."
Und was wäre so ein Nachmittag, wenn er nicht auch noch Zeit für einen Kaffee und mindestens eine Pause böte? „Ich liebe es immer wieder, dem Treiben zuzusehen", bemerkte Aline. "Von den Frauen in Paris kann man sich einiges abgucken", ergänzte Helen. Vielleicht hab ich ja in den letzten Jahren etwas wenig Sinn für Schönes und Mode gehabt. Das hab ich dann eher in mein neues Büro und die Arbeit gesteckt. Aber das kann sich ja ändern..." „Wie so vieles im Leben. Ich bekomm davon ja gerade reichlich", scherzte Aline."
„Jetzt müssten wir noch etwas finden, was wir unseren Männern antun.." „So ein typisches Paris-Souvenir." „Ne danke." „Hast du gesehen, mit was für grässlichen Mappen die beiden auf der Messe herumgelaufen sind?" „Das gibt es doch auch in hübsch..." Und so entdeckten die beiden, so ganz nebenbei die eine oder andere Gemeinsamkeit, und ehe sie sich versahen, war ein langer Nachmittag verflossen.

Rue Richer
Eine Messe ist für viele Firmen und Geschäftsleute einfach auch der Anlass, nicht nur Partner zu Gesprächen und Verhandlungen abseits der Messe in der Stadt zu treffen, sondern eben auch ein wenig Zeit für Geselliges zu finden. Und da die bereits an einem Wochenende beginnt, bietet sich durchaus ein Programm an. Will man ein Varieté besuchen, das nicht ganz so vordergründig wie das Programm des Lido an den Champs Elyssées oder des Moulin Rouge in Montmartre auf nationale und internationale Touristen anstellt, dann lohnt ein Blick in das Varietéprogramm der Folies Bergère. Das Haus wurde bereits 1869 eröffnet, hatte aber seine Hochzeit in den

Goldenen Zwanzigern mit den Auftritten von Josephine Baker in ihrem berühmten Bananenröckchen. Die Aufmachung des Hauses atmet noch immer den Hauch der goldenen großen Vergangenheit, aber sollte mit den Erwartungen an das Heute nun auch keine überzogenen Erwartungen verbinden. Eben Unterhaltung. Da es die Messegäste des Doktors auch so sahen, genossen sie den Abend. Unter ihnen auch Helen und Jörn Jensen sowie als Überraschungsgast Aline, die nur für das Wochenende den Weg nach Paris gefunden hatte. Da der folgende Messemorgen wohl noch kein ganz so strenges Programm haben dürfte, lud der Doktor den engeren Kreis noch zu einem späten Drink ins Cacahuete, ein kleines Bistro, dessen Wirt er von etlichen Besuchen mit Messegästen, die in den nahen Hotels genächtigt hatten, gut kannte. Die Küche, für die es um jene Zeit nun bereits viel zu spät war, wird von allen Beteiligten stets als interessant empfunden. Die Speisekarte würzen ein paar Leckereien mit nordafrikanischem Einschlag, geprägt durch den derzeitigen Koch. wie etwa seine scharf gewürzten Kichererbsen.

„Bist du dir sicher, du könntest auch nur einige Monate auf dieses Leben verzichten," neckte Aline den Doktor. „Das Schöne ist, dass man ja all das, was man bereits erlebt hat, nicht aus seinem Hirn streichen muss. Es bleibt mir und ich bin offen für Neues. Auch Paris bleibt nie, was es früher war… Der Wandel lädt automatisch dazu ein, Lieblingsplätze immer wieder in neuem Licht zu sehen."

„Manchmal ist es gut, wenn man das Gewohnte für eine Zeit verlässt…" sinnierte jetzt auch Jörn. „Du träumst also bereits von deiner Fernhandelsstation in Venedig"" erkundigte sich Helen hinterhältig. „Ich kann jedenfalls verstehen, warum es die Fugger ziemlich oft dahinzog", meinte Jörn, „aber ich fand unsere neuzeitliche Reise dorthin auf jeden Fall ziemlich gut. Allerdings hätte sich auch ein Fugger gewundert, wie wunderbar unser virtuelles Büro über dem Canale Grande funktionierte. Also ein Büro kann man wunderbar mitnehmen." Und bei der Gelegenheit fiel Jörn noch eine ganz andere Geschichte dazu ein „a propos das Büro mitnehmen, das mag ja unsereinem unterwegs helfen, aber

manchmal hilft das ja noch ganz anders. Ich hatte euch doch von diesem kleinen Einbruch in unser Lager erzählt, so dreißig Kilo Hanfsaat. Stellt euch vor: die haben die beiden Täter geschnappt. Die hatten dazu deren Fingerabdrücke, aber der Clou: die konnten auch noch das Bewegungsprofil des einen Typen aus seinem Handy auslesen. Bei dem hatten sie noch ein paar ganz andere Dinge gesucht. Und bei der Gelegenheit konnte man ganz genau ablesen, wie lange die vor dem Pickhuben-Außenschloss gestanden haben und würgten…" „Na ja, das Würgen hat das Handy ihnen wohl nicht erzählt", scherzte der Doktor. „Nee, das wusste mehr mein schlauer Handwerker aus dem Portugieser-Viertel. Der kannte ja auch die Geschichte mit den iranischen Clans und der Raubkunst. Was ist eigentlich aus der Geschichte noch geworden?" wandte sich Jörn listig an den Doktor.
„Raubkunst? Ich weiß gar nicht?" Bei diesem Thema wurde Aline ganz anders. Nicht, dass sie dem Zwischenfall mit der Raubkunst letztlich die Beziehung mit dem Doktor verdankte… Da war ja auch immer noch dieses Päckchen gewesen, dass wahrscheinlich jetzt wohl als heiße Ware in dem Koffer schmorte, den Aline ihm zum endgültigen Abschied vor die Wohnung gestellt habe.
„Schon ein komisches Gefühl", sinnierte Helen, „dass man tatsächlich alle unsere Bewegungen mit den Füßen aus diesem Ding da auslesen kann." „Aber alles weiß man dann eben auch nicht…" setzte Aline hinzu „schließlich gibt es noch andere Dinge, die das Handy oder überhaupt das Internet nur weiß, wenn wir sie ihm erzählen."

„Ja, man sollte aufpassen mit diesen Postings…"

Paris Hamburg

Zum Schluss dieser Postings sei den Lesern versichert, dass Inhalt und Handlung der Geschichten natürlich frei erfunden sind.
Nicht frei erfunden hingegen sind die vielen Plätze und Straßen in Paris und Hamburg.

Der Autor hat in beiden Städten jeweils etliche Jahre seines Lebens verbracht und man wird die Sympathie für beide Städte in seinen Zeilen sicher unschwer erkennen können.

www.lostpostings.org